145. Jahrgang
2001 / 2
ISSN 0031-6229

PGM
Zeitschrift für Geo- und Umweltwissenschaften
Petermanns Geographische Mitteilungen

PERSISCHER / ARABISCHER GOLF

Erhard Gabriel
Der Ölfleck auf dem Globus
6

Rolf Friedrich Krause
Wem gehört der Golf?
14

Günter Barthel
Die kleinen arabischen Golfländer – ökonomisches Wachstum kontra Abhängigkeit?
22

Mohamed Aziz
Development of the Functional Structure of Cities in Small Gulf Countries – a Cartographic Case Study of Kuwait
30

Eckart Ehlers & Conrad Schetter
Pastoral Nomadism and Environment: Bakhtiari in the Iranian Zagros Mountains
44

Fred Scholz
Oman und die arabischen Scheichtümer am Golf – Herausforderungen an die zukünftige Landesentwicklung
58

Erdgasabfackelung in der Arabischen Wüste (Foto: Schmidtke)

Meerwasserentsalzungsanlage bei Kuwait (Foto: Schmidtke)

Konrad Schliephake
Ein Ruhrgebiet ohne Wasser? Industrieräume am Golf
70

© 2001 Justus Perthes Verlag Gotha GmbH

RUBRIKEN

Fernerkundung 4
Das Elbursgebirge (Iran) – naturräumliche Vielfalt im Satellitenbild

Praxis 12
Deutsches Orient-Institut

Online 18

Exkursion 20
PGM zukünftig mit neuer Rubrik

Statistik 28
Naturressourcen der Golfanrainer

Forum 40
Entwicklungsplanung für die Provinz Gilan (Nordiran) – ein erster Ansatz

Literatur 56

Archiv 68
Arktis: Landeskunde der Insel Jan Mayen und Gletscherabschmelzung in Westgrönland

Bild 78
Ökozonen der Erde: 2. Boreale Zone

Moderatoren dieses Heftes / Editors of this Issue:
Horst-Günter Wagner & Konrad Schliephake, Würzburg

Titelbild: Bauboom am Golf
(© K.-D. Schmidtke, Melsdorf)

Herausgeber / Editorial Board
Hans-Rudolf Bork, Kiel
Detlef Busche, Würzburg
Martin Coy, Tübingen
Franz-Josef Kemper, Berlin
Frauke Kraas, Köln
Otmar Seuffert, Bensheim
Horst-Günter Wagner, Würzburg

Verantwortliche / Responsible for
Abstracts, Fernerkundung:
D. Busche, Würzburg
Archiv: I. J. Demhardt, Darmstadt
Bild: J. Schultz, Aachen
Exkursion: S. Lentz, Mannheim
Literatur: U. Ante, Würzburg
Online, Offline: Th. Ott, Mannheim

Zeitschrift für Geo- und Umweltwissenschaften

PGM Petermanns Geographische Mitteilungen

PGM publiziert ausschließlich von mindestens 2 Gutachtern zustimmend bewertete Aufsätze. – PGM exclusively publishes papers reviewed and accepted by at least two referees.

Alle veröffentlichten Beiträge sind urheberrechtlich geschützt. Ohne Genehmigung des Verlages ist eine Verwertung strafbar. Dies gilt auch für die Vervielfältigung per Kopie und auf CD-ROM bzw. für die Aufnahme in elektronische Datenbanken.

Für unverlangt eingesandte Manuskripte übernimmt der Verlag weder die Publikationspflicht noch die Gewähr der Rücksendung.

Impressum

Verlag
Klett-Perthes
Justus Perthes Verlag Gotha GmbH
Justus-Perthes-Straße 3–5
D-99867 Gotha
Postfach 100452, D-99854 Gotha
Telefon: (03621) 385-0
Telefax: (03621) 385-102
http://www.klett-verlag.de/klett-perthes
E-Mail: perthes@klett-mail.de

Verlagsredaktion
Dr. Eberhard Benser
Stephan Frisch
Dr. Ulrich Hengelhaupt

Abonnementverwaltung
Christiane Berndt
Telefon: (03621) 385-184
Telefax: (03621) 385-103

Besprechungsexemplare
Unaufgefordert eingesandte Besprechungsexemplare können nicht zurückgesandt werden.

Erscheinungsweise und Bezugsbedingungen

PGM erscheint 6-mal jährlich. Der Preis eines Jahresabonnements beträgt inkl. Versandkosten:

Normalabonnement
DM 146,70/öS 1071,–/sFr. 123,–/€ 75,–
Studentenabonnement
(nur gegen Nachweis)
DM 95,84/öS 700,–/sFr. 84,–/€ 49,–
Gültig für Deutschland, Österreich und die Schweiz.

Auslandsabonnement
DM 166,25/€ 85,–

Einzelhefte im Apartbezug
DM 27,40/öS 200,–/sFr. 26,70/€ 14,–
(zzgl. Versandkosten)

Bestellungen sind direkt an den Verlag oder an Zeitschriftenhändler zu richten. Abonnements können zu jedem beliebigen Zeitpunkt begonnen werden. Abbestellungen werden bis 6 Wochen vor Beginn eines neuen Kalenderjahres akzeptiert. Adressenänderungen bitte unverzüglich der Abonnementverwaltung mitteilen.

Herstellung
Digitaler PrePress Service Wolff KG
Hauptstraße 17
D-30855 Langenhagen
Druckhaus „Thomas Müntzer" GmbH
Neustädter Straße 1–4
D-99947 Bad Langensalza

Gedruckt auf Papier aus chlorfrei gebleichtem Zellstoff.

ISSN 0031-6229
ISBN 3-623-08082-9

Editorial

Der Golf der Perser und der Araber – er wäre eines dieser flachen „Nebenmeere" ohne Durchgangsfunktion, unter einem menschenfeindlichen Klima leidend, mangels eigener agrarischer Ressourcen auf Hilfe angewiesen, wenn nicht seine Anrainer (einschließlich Irak und Iran) etwa 12 % der sicheren fossilen Energiereserven bzw. 48 % der Erdöl- und Erdgasreserven der Welt beherbergen würden.

Eine solche ressourcenökonomische Sicht ist vielleicht europatypisch, greift aber zu kurz. Es ist richtig, dass es in diesem alten Kulturraum wenig Beständigkeit gab, sieht man von einigen seit historischer Zeit genutzten Süßwasserquellen ab (Bahrain, Al Hassa, Qatif). Auch kamen die ökonomischen und sozialen Impulse aus den Hinterländern: dem Iranischen Hochland mit seinen Abdachungen Richtung Süden, dem Zweistromland Mesopotamien als einer der Wiegen der altweltlichen Kulturen, den Steppen der Arabischen Halbinsel mit den heiligen Stätten Mekka und Medina und den umrahmenden omanischen und jemenitischen Gebirgen. Trotzdem hat der Golf, um dessen Namen sich, wie ROLF F. KRAUSE zeigt, die Anrainer erst seit 40 Jahren streiten, ein Eigenleben gehabt: Der Austausch zwischen dem arabischen Maghreb, den Nilländern und der Arabischen Halbinsel einerseits und der iranischen und südasiatischen Landmasse andererseits, die Perlenfischerei für die europäischen Feudalhöfe seit dem 18. Jh., das alles brachte Impulse und machte den Golf zu einem wichtigen Bindeglied zwischen dem arabisch-semitischen und dem iranisch-indogermanischen Teil der islamischen Welt.

Der ursprüngliche Gedanke der Moderatoren, die Scharnierfunktion des Golfs durch eine ausgewogene Darstellung der Natur- und Wirtschaftsräume an den beiden Ufern und ihren Hinterländern darzustellen, ließ sich nicht realisieren – zu ungleichmäßig ist der Forschungsstand. Während die arabische Seite in den letzten 25 Jahren auch deutsche Forscher zumindest als Berichterstatter willkommen hieß, beginnen die Arbeiten auf der persischen Seite nach der Revolution von 1980 erst wieder zögerlich, über die jungen Wandlungen der Küstenstandorte ist fast nicht bekannt. Umso wichtiger ist es, dass ECKARDT EHLERS & CONRAD SCHETTER die sozialen Veränderungen bei den iranischen Bakhtiari-Nomaden im Hinterland unter dem doppelten Impakt der ökonomischen (Erdölrente) und islamischen Revolution darstellen. Wie notwendig solche Arbeiten auch auf der arabischen Seite wären, verdeutlicht FRED SCHOLZ, der auf die gesellschaftlichen Prozesse hinter den glitzernden Fassaden der Petro-Urbanisationen verweist und von Arabern und Europäern eine intensivere Analyse der daraus resultierenden Problemfelder anfordert. Zu einem ähnlichen Ergebnis kommt GÜNTHER BARTHEL mit seinem Einblick in die politischen und ökonomischen Strukturen der einheimischen Rentiergesellschaften mit ihren alten und neuen Eliten. Es wäre aber falsch, nur die Probleme zu sehen und ein Heft ohne ausreichende Sachdarstellung zu bieten. So illustriert ERHARD GABRIEL, selbst früher in der Erdölwirtschaft tätig, Ausbreitung und Vorräte des „Ölflecks auf dem Globus", den die Golfanrainer als Gottesgeschenk und Ausgleich für ihr Leben in einem der unwirtlichsten Gebiete der Erde ansehen. Daraus resultiert die schnelle Expansion der städtischen Siedlungen, so wie sie MOHAMED AZIZ in einer Kartenfolge am Beispiel von Kuwait als der „primate city" des ersten arabischen Wohlfahrtsstaates präsentiert. KONRAD SCHLIEPHAKE berichtet über den industriellen Ausbau am Golf. Damit entsteht ein „powerhouse" der Petrochemie, das auch dann noch Bedeutung haben wird, wenn sich in 45 Jahren die Welterdölreserven bei heutigem Förderrhythmus (theoretisch) dem Ende zuneigen.

Die Luftbildinterpretation des iranischen Zagros von ULF SIEFKER und die von ANTJE BRUNS gebotenen erste Einblicke in Probleme der Entwicklungsplanung im Nordiran weisen in anschaulicher Form auf zukünftige Arbeitsfelder im Iran hin. Für die nützliche Vorstellung des Deutschen Orient-Instituts (Hamburg) als Drehscheibe deutscher angewandter Orientforschung ist UDO STEINBACH und seinen Kolleginnen und Kollegen zu danken.

Spürbare Lücken jenseits der von den Moderatoren angemahnten bleiben: So fehlt ein – ursprünglich vorgesehener – Beitrag zur Ökologie des Wasserkörpers ebenso wie die Einbeziehung des Südirak zumindest im Bereich des Schatt al-Arab. Dem aufmerksamen Leser bleibt das nicht verborgen, uns sollte es Ansporn zur intensiveren Beschäftigung mit diesem faszinierenden und vielfältigen Raum fast vor unserer Haustür sein.

Würzburg, im Januar 2001

KONRAD SCHLIEPHAKE

© 2001 Justus Perthes Verlag Gotha GmbH

PGM Fernerkundung

Das Elbursgebirge (Iran) – naturräumliche Vielfalt im Satellitenbild

Die Gebirgsumrahmung des Iran (Fig. 1) ist Teil des alpidischen Faltungsgürtels. Den nördlichen Ast der Umrahmung bildet das nur 100 km breite Elbursgebirge mit Höhen zwischen 3000 und 5604 m (Stratovulkan Demavand). Der Ausschnitt der Landsat-TM7-Satellitenszene 165/035 vom 9. September 1999 (Fig. 2) zeigt ein Profil über den Elburs nordwestlich von Teheran.

Der neue Landsatsensor TM7 (seit April 1999) bietet mit dem panchromatischen Kanal (0,52–0,9 µm = Spektralsumme der Kanäle 2–4; Spektralinformation fast mit Kanal 4 identisch) eine vierfach höhere räumliche Auflösung (15×15 m) als sein Vorgänger TM5. Den Vorteil der hohen Auflösung verdeutlichen die Details 1 und 2. In der für das Forschungsprojekt DRYSATMAP (BMBF /DLR-Vorhaben 50EE0042 an der Universität Würzburg, www.drysatmap.de) beschafften Szene wurde die Spektralinformation der Kanalkombination 5/4/1 mit der Kontrastinformation des panchromatischen Kanals kombiniert („pan-sharpened"), mit einem Hochpassfilter geschärft und kanalweise kontrastverstärkt. Diese Kanalkombination verstärkt das Grün der Vegetation. Die zonale Anordnung der Gebirgsketten und Vorländer ist gut erkennbar.

Das Kaspische Tiefland (oberer Bildrand) liegt nahezu ganzjährig im Einfluss mediterraner Westwinde. Die am Kaspischen Meer (nordöstliche Bildecke) mit Feuchtigkeit angereicherten Luftmassen stauen sich – wie auch auf dieser Szene – am Elbursnordrand und bringen insgesamt über 1000 mm Jahresniederschlag. Im Bereich der Staubewölkung wachsen bis in die tiefen Kerbtäler buchenreiche Laubwälder, an die sich in der Höhe Strauchflora anschließt (beide hellgrün).

Die TM7-Szene bildet die Westnordwest–Ostsüdost streichenden Gebirgsketten des Elburs mit ihren Störungslinien und präkambrischen bis quartären Gesteinen differenziert ab. Auffällig hebt sich östlich der weißen Gipsablagerungen in der Bildmitte das zerschnittene Granitmassiv des Alam Kuh heraus (Detail 1), die mit 4840 m höchste Erhebung im Bild. Die Gipfelregion ist vergletschert (blau/weiß). Mit Moränenmaterial bedeckte Gletscherloben richten sich vom Gipfel aus nach Nordwest, Nordost und Süd.

Südlich des Elburshauptkamms herrscht Vegetationsarmut wegen der zunehmenden Aridität (200 bis 600 mm Jahresniederschlag) sowie der intensiven Beweidung und früheren Abholzung im Gebirge. Dagegen sind die intramontanen Becken der Flüsse Alamut (linker Bildrand) und Taleghan (zentral) klimatische Gunsträume. Die mit jungtertiären Sedimenten verfüllten Becken mit ihren bis 250 m hohen Terrassen werden extensiv beweidet sowie für Trockenreis-, Obst- und Gemüseanbau für den Großraum Teheran genutzt. Zwischen den intramontanen Becken liegen weit gespannte alttertiäre Lavadecken (grüngrau/orangerot). Der Stausee nördlich von Karaj (schwarz) speichert Wasser für Teheran.

Am südlichen Gebirgsrand folgt ein Saum aus fluvial zerschnittenen Pedimenten und Glacis. Gebirgsparallel verlaufen hier die alte Landstraße und die Autobahntrasse Qazvin–Teheran (West–Ost). Die Stadt Karaj (Detail 2) am Gebirgsaustritt des Flusses Karaj ist aufgrund ihrer Gunstlage in nur 40 km Entfernung von Teheran eine der am schnellsten wachsenden Großstädte Irans (im Jahr 1996: 941000 Einwohner). Um den eng bebauten Kern der traditionellen City wachsen entlang der Nord-Süd-Magistralen schachbrettartige Stadtviertel bis an die Hänge des Elburs. Die Schwemmfächer im Elbursvorland werden durch Obst- und Gemüseanbau (bewässert) sowie Getreideanbau (Regenfeldbau) genutzt. Südlich der Agrarflächen schließt sich als Folge der endorheischen Entwässerung die Salztonebene (Kevir) von Qazvin an.

ULF SIEFKER, Universität Würzburg

Fig. 1
Übersichtskarte des Iran. Durch die Hochgebirgsumrahmung sind stark differierende Klimaregionen entstanden, wie der Satellitenbildausschnitt beispielhaft belegt.

Fernerkundung

Fig. 2 Nord-Süd-Profil durch das Elbursgebirge nordwestlich von Teheran (Iran). Dank der 15-m-Auflösung der Landsat-TM7-Daten (RGB 5/4/1, pan-sharpened) sind auch Details abbildbar. Vergrößerte Ausschnitte: Alam-Kuh-Massiv (1) und Karaj, Innenstadt (2).

© 2001 Justus Perthes Verlag Gotha GmbH

Der Ölfleck auf dem Globus

Erhard Gabriel

7 Figuren im Text

The oil spot on the Globe
Abstract: The author shows how mineral oil grew in just one century from a promising option, via a commodity competing against coal, to its present role of the world economy's vulnerable giant, with the bulk of global reserves in the politically less than stable oil province around the Persian-Arabian Gulf. Even minor imbalances between global production and consumption, either – intended or coincidental, – trigger excessive price fluctuations, since time-consuming lines of oil transportation and limited buffer stock capacities exclude flexible market reactions. In addition to being a top class economic player on the global market, mineral oil is also in the centre of multi-billon dollar technologies in the fields of energy, transport, and chemistry. These could only be gradually adapted to future alternative resources: obviously global economics and politics will have to put up with both the blessings and shortcomings of mineral oil for more than the next decade. The author's views are supported by selected statistics likely to serve as an eye-opener.
Keywords: Oil reserves, Persian Gulf, Arabian Gulf, world energy consumption

Der Autor stellt dar, wie die Mineralölindustrie sich in nur einem Jahrhundert von einer viel versprechenden Option über einen Energieträger im Wettbewerb mit der Kohle zu ihrer heutigen Rolle als verwundbarer Gigant der Weltwirtschaft entwickelt hat, wobei der größte Teil der Weltreserven sich in der politisch nicht gerade stabilen Region um den Persisch-Arabischen Golf befindet. Selbst kleine Ungleichgewichte zwischen globaler Produktion und globalem Verbrauch lösen, beabsichtigt oder zufällig, exzessive Preisfluktuationen aus, da die zeitraubenden Öltransportwege und geringe abpuffernde Lagerkapazitäten flexible Marktreaktionen ausschließen. Mineralöl ist aber nicht nur in der Spitzenklasse der „Global Players", sondern steht auch im Zentrum einer Milliardenindustrie auf den Gebieten Energie, Transport und Chemie. Diese könnte nur allmählich an zukünftige alternative Ressourcen angepasst werden. Ganz offensichtlich werden Weltwirtschaft und Weltpolitik also noch für mehr als ein weiteres Jahrzehnt mit den Vor- und Nachteilen der Ölindustrie leben müssen. Die Ansichten des Autors werden von ausgewählten Statistiken unterstützt, die hoffentlich die Augen für diese Problematik öffnen werden.
Schüsselwörter: Ölreserven, Persischer Golf, Arabischer Golf, Weltenergieverbrauch

1. Erdöl und Weltwirtschaft

Die Industriegesellschaften erlebten in der zweiten Hälfte des vorigen Jahrhunderts eine nicht für möglich gehaltene Zunahme des Wohlstands. Ausgangspunkt dieser Entwicklung war die industrielle Revolution vor rund 200 Jahren. Das kräftige Anwachsen der Industrie, vor allem aber die rasche Zunahme der Motorisierung bewirkten einen beispiellosen Strukturwandel in der Energiewirtschaft. Mineralöl, zunächst als „Leuchtöl", setzte sich als flüssige Energiequelle der neuen Verbrennungsmotoren von Otto und Diesel bald an die Spitze der Energieträger, deren Verbrauch sich zwischen 1950 und 2000 fast verfünffachte (Fig. 1). Das Erdgas wurde in den Anfangsjahren der Ölwirtschaft – primär wegen der Schwierigkeit, es in Mengen und über größere Entfernungen zu befördern – zunächst als störend auf den Ölfeldern verbrannt. Bis 1980 sollen etwa 4 Billionen m^3 Gas (= 3,6 Mrd. t Rohöleinheiten [RÖE]) nutzlos abgefackelt worden sein. Technische Lösungen vor allem der Transportfrage ließen seitdem den Absatz so stark ansteigen, dass der Gasverbrauch den der Kohle z. Zt. eingeholt hat (Fig. 1).

Beherrschend aber bleibt das Erdöl, und das hat seine guten Gründe:

- Der hohe Heizwert, die vielseitige Verwendbarkeit (Kraftstoff, Heizöl, Chemie u. a.) und die relativ einfache Transportierbarkeit verleihen dem Erdöl eine einzigartige Stellung. Selbst bei einem plötzlichen Auftauchen neuer Energieträger würde nach dem heutigen Stand der Technik eine weltweite Umstellung der Motoren nicht nur viel Geld, sondern auch sehr viel Zeit beanspruchen. Kurz gesagt: Erdöl bleibt in den nächsten Jahrzehnten (noch) unverzichtbar, und damit bleibt es nicht nur wirtschaftlich, sondern auch politisch ein Machtfaktor erstrangiger Ordnung.

Persischer / Arabischer Golf

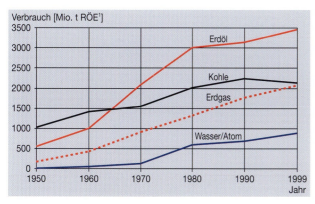

[1] 1 Rohöleinheit = 1,5 Steinkohleeinheiten

Fig. 1 Weltweiter Verbrauch von Primärenergie
(Daten aus BP Amoco 2000)
Worldwide consumption of primary energy
(Figures from BP Amoco 2000)

Staat bzw. Gebiet	Erdölmenge [Mio. t]			Einwohner [Mio.]	Erdölverbrauch/Kopf [kg/a]
	Verbrauch	Förderung	Differenz		
USA	873	354	−519	270	3233
Japan	258	−	−258	128	2016
China	224	160	−64	1300	172
BRD	132	3	−129	82	1610
Russische Föderation	119	306	187	150	793
Insgesamt	*1606*	*823*	*−783*	*1930*	*−*
Erde	3453	3440	−	6000	576

Fig. 2 Die fünf größten Ölkonsumenten des Jahres 1999
(Daten aus ExxonMobil 2000)
The five largest oil consumers in 1999
(Figures from ExxonMobil 2000)

- Die fossilen Ölreserven sind gewaltig, aber begrenzt, d.h., wir sind am Eingemachten. Im Mediendeutsch ausgedrückt: Wir verfrühstücken das Erbe unserer Enkel – sofern diese noch darauf angewiesen sein werden.

Von den Erdölvorräten lagert über ein Drittel in noch kaum genutzten Teersanden, Ölschiefern und Schwerölen sowie als Rest in den bereits erschlossenen konventionellen Öllagerstätten. Die Haftfähigkeit erschwert eine vollständige Förderung des Lagerstättenöls (oil-in-place). Der Entölungsgrad lag 1930 bei nur 15 %, d.h., 85 % verblieben ungenutzt im Boden. Mit dem Einsatz verbesserter Fördermethoden (Sekundär- und Tertiärverfahren) kann man die Ausbeute bei vielen Ölfeldern bedeutend steigern – wenn die damit verbundenen höheren Kosten wirtschaftlich gedeckt sind. Nach neueren Schätzungen dürfte sich der Entölungsgrad, der 1985 im Durchschnitt auf 28 % angestiegen war, immer noch beträchtlich unter dem angestrebten Ziel von 50 % befinden.

- Nur fünf Staaten – mit einem Drittel der Weltbevölkerung – verbrauchten 1999 fast die Hälfte der Weltölförderung, an der sie selbst nur mit einem Viertel beteiligt waren (Fig. 2). Trotz aller Sparmaßnahmen einiger Staaten hat der Verbrauch im vergangenen Jahrzehnt weltweit um 12 % zugenommen – und er steigt noch immer. Die treibenden Kräfte sind hierfür der Nachholbedarf und das anhaltende Bevölkerungswachstum der Entwicklungsländer. Der jährliche Erdölkonsum liegt bei rund 576 kg/Kopf der Erdbevölkerung. Eine weltweite Steigerung auf 1000 kg/Kopf im Jahr ist theoretisch nicht überhöht bei einem Pro-Kopf-Verbrauch z.B. in den USA bei 3233 kg/a, in der BRD bei 1611 kg/a und in Italien bei 1500 kg/a. Nur ist die Ölindustrie nicht im Stande, diese dann benötigten 6 Mrd. t Öl pro Jahr bereitzustellen – selbst wenn die technischen Anlagen vorhanden wären.

- Infolge der großen Entfernungen zwischen den Fördergebieten und den Standorten von Verarbeitung und Verbrauch entwickelte sich im Laufe der Jahre ein oft unterschätztes logistisches Netzwerk, das für die reibungslose Beförderung des Rohöls von den Feldern bis zu den Abnehmern sorgt. Ein wichtiges Glied in dieser Transportkette sind die Hochseetanker, von denen es im Jahre 1998 etwa 3300 mit einer Gesamttonnage von rund 300 Mio. tdw gab. Der größte Teil des international gehandelten Erdöls (1999 rund 2 Mrd. t) ist auf sie angewiesen. Das macht das Erdöl zum mengenmäßig bedeutendsten Welthandelsgut (vgl. hierzu Schliephake 1995)

- Ein weiteres Glied in der Transportkette ist die Lagerhaltung, die beim Erdöl und vor allem beim Erdgas nicht nur wegen der gewaltigen Mengen ein wichtiger Kostenfaktor ist. Nicht umsonst entspricht die jeweilige Förderung dem weltweiten Verbrauch. Jede Störung des Gleichgewichts zwischen Produktion und Konsum, sei es nun absichtlich (wie die Förderbeschränkungen durch die OPEC im März 1999), sei es durch höhere Gewalt oder kriegerische Handlungen (wie der Einfall Iraks in Iran oder Kuwait), schlägt sich erfahrungsgemäß unmittelbar auf den Ölpreis nieder.

- Was der Weltwirtschaft zu schaffen macht, sind die Schwankungen des Ölpreises, den eine Reihe sensibler Faktoren, wie Kontinuität und Flexibilität der Förderungen, besonders aber zeitliche und regionale Verfügbarkeit des Öls, bestimmen. Die Zeiten der billigen Energie sind im Schwinden, was nicht nur die Industrie-, sondern vor allem die Entwicklungsländer zu spüren bekommen.

- Die Ölkrisen von 1974, 1980 und 1990 trieben die Ölpreise in beträchtliche Höhen. Das bewirkte eine verstärkte Förderung von Nicht-OPEC-Öl, um dem

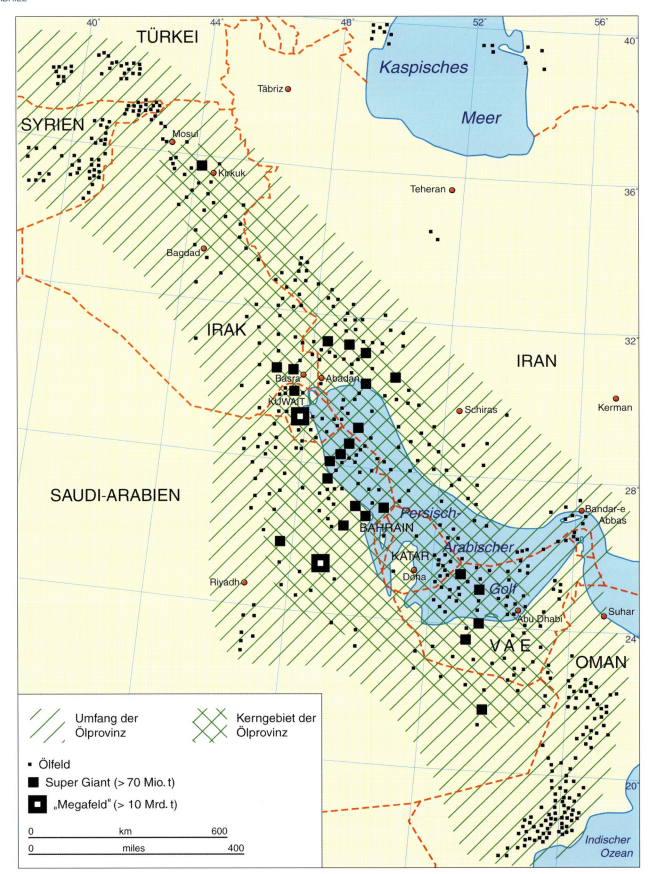

Fig. 3 Ölprovinz Persisch-Arabischer Golf. Die auffällige Ballung von Ölfeldern im Norden und Süden der Ölprovinz (Syrien, Türkei und Oman) kennzeichnet den Versuch der Anrainer, durch Aufschluss auch kleiner Vorkommen am Ölsegen teilzuhaben, mithin die Qualität durch Quantität zu ersetzen (aus GABRIEL 1999a, S. 634).
The Persian-Arabian oil province. The conspicuous concentration of oil fields in the northern and southern fringe of the oil province (Syria/Turkey and Oman) reflects efforts of the adjoining states to participate in the oil boom by also opening up minor oil fields, i.e. replacing quality by quantity (from GABRIEL 1999a, p. 634).

Druck bzw. dem Ölpreisdiktat der OPEC zu entgehen: seinerzeit mit viel Erfolg, d.h., der Ölpreis fiel auf ein Drittel, von über 34 auf weniger als 12 US-$/barrel (US-$/Fass). Ein Nebeneffekt der Ölkrisen ist die schnellere Erschöpfung der beschränkten Reserven der Industrieländer, was den Weg in die Abhängigkeit von den OPEC- bzw. arabischen Ölländern beschleunigt.

Staat bzw. Gebiet	Erdölfördermenge [Mio. t] im Jahre					
	1990	1995	1996	1997	1998	1999
Saudi-Arabien	341,3	426,7	434,6	442,1	442,8	411,8
Irak	105,1	27,3	29,9	58,0	105,2	125,2
Kuwait	46,9	105,3	105,8	105,7	108,1	99,3
VAE	104,9	113,6	120,0	119,5	122,0	111,4
Iran	161,4	182,7	183,8	184,1	187,8	175,2
Oman	34,4	43,0	44,5	45,1	44,9	45,2
Katar	20,6	21,3	26,4	32,5	35,0	33,4
Syrien	21,1	31,1	30,6	30,1	30,1	29,0
Insgesamt	*846,8*	*960,8*	*970,0*	*994,8*	*1037,1*	*1096,2*
Erde	3164,1	3272,0	3370,9	3468,5	3533,1	3452,2

Fig. 5 Ölförderung in der Golfprovinz (Daten aus BP Amoco 2000)
Oil production of the Gulf province (Figures from BP Amoco 2000)

2. Die Golfprovinz in der Weltwirtschaft

Erdöl findet man in fast allen Sedimentgesteinen der Erde in unterschiedlich großen Konzentrationen. Die bislang entdeckten mehr als 30 000 Ölfelder sind so verschieden an Umfang und Gehalt, dass lediglich 1 % davon weltwirtschaftlich von Bedeutung ist. Eine räumliche Ballung von Ölfeldern bezeichnet man als Ölprovinz. Die ersten fünfzig unter ihnen verfügen über 95 % der Weltvorräte. Aber auch innerhalb dieser 50 sind die Unterschiede gewaltig. Die mit Abstand größte Agglomeration von Erdöl hat die Ölprovinz Persisch-Arabischer Golf. Sie umfasst faktisch alle Ölfelder im Umfeld des Persisch-Arabischen Golfes (Fig. 3), die übrigens in den englischen Statistiken als Middle East Oil geführt werden. Diese Golfprovinz – wie wir sie weiterhin kurz nennen wollen – ist in jeder Hinsicht einzigartig:

- Der Reichtum der Golfprovinz beruht auf der Qualität seiner Öllagerstätten. Die teilen sich praktisch Saudi-Arabien, Irak, Kuwait, die VAE und Iran, was sie zu den fünf ölreichsten Länder der Erde macht. Wie man den Zahlen der Figur 4 entnehmen kann, sind sie unterschiedlich an „Allahs Geschenk an die Araber" beteiligt. In runden Zahlen besitzt Saudi-Arabien rund 25 % und Irak, Iran, Kuwait und die VAE je 10 %, zusammen also 65 %, d.h., diese fünf Länder verfügen über rund zwei Drittel der Erdölvorräte auf der Erde.

- Die gewaltigen Öllagerstätten ließen die Golfprovinz zum maßgeblichen Produzenten aller Ölprovinzen aufsteigen. Seit geraumer Zeit fördern sie rund ein Drittel der Weltproduktion (Fig. 5). Da ihr Eigenbedarf gering ist, können die fünf größten Förderländer rund 80 % ihrer Förderung exportieren (Fig. 4). Das macht die Region um den Persisch-Arabischen Golf zur Dominante der weltweiten Ölversorgung.

- Hochseetanker befördern das „schwarze Gold" nach Übersee. Drosselungen oder Erhöhungen des Ölexports aus dem Golf wirken sich also erst nach Monaten auf den Überseemärkten aus, da eine Tankerfahrt um das Kap der Guten Hoffnung zu den wichtigsten Verbrauchern mindestens zwei Monate dauert.

- Ein neuralgischer Punkt ist die Straße von Hormus, die fast pausenlos Tanker passieren. Dieses Nadelöhr zwischen Iran und Oman – an der engsten Stelle nur 45 km breit – wird seit langem von Politik und Militär besorgt beobachtet. Nicht umsonst versuchen alle Golfländer außer dem Iran, diesen Engpass zu umgehen. Das ist auch der Grund für die neuerliche Forderung Saudi-Arabiens nach einem Korridor zwischen Jemen und Oman als direktem Zugang zum Arabischen Meer.

- Das wirtschaftliche Gewicht des Golfraumes beschränkt sich keineswegs nur auf Erdöl. Zunehmende Bedeutung gewinnt er als Absatzmarkt von Industriegütern. Die größten Nutznießer sind hier die USA, die 10–30 % der Importe aller Anrainerstaaten bestreiten. Allein der Handel mit Saudi-Arabien erbrachte ihnen in Jahren 1974–1978 einen Überschuss von fast 26 Mrd. US-$. Auch Deutschland ist relativ gut im Geschäft. 1985–1999 erzielte der Handel mit den Anrainerstaaten 116,4 Mrd. DM.

Fig. 4 Die fünf ölreichsten Länder der Erde im Jahre 1999 (Daten aus BP Amoco 2000, gerundet)
The five most oil-rich countries in the world (rounded figures from BP Amoco 2000)

Staat bzw. Gebiet	Erdölmenge			
	Reserve [Mrd. t]	Förderung [Mio. t]	Konsum [Mio. t]	Überschuss [Mio. t]
Saudi-Arabien	36	412	63	349
Irak	15	125	21	104
Kuwait	13	99	9	90
VAE	13	111	18	93
Iran	12	175	60	115
Insgesamt	*89*	*922*	*171*	*751*
Erde	138	3452	3453	–

© 2001 Justus Perthes Verlag Gotha GmbH

Fig. 6 Eine Hauptstraße in Abu Dhabi in den Jahren 1964 (oben) und 1996 (unten) (Fotos: GABRIEL)
One of the main streets of Abu Dhabi in 1964 (above) and 1996 (below) (Photos: GABRIEL)

3. Bedeutung der Golfprovinz für die Förderländer

Am Golf wurde bereits zwischen 1891 und 1893 in Bushere und Qishm (Iran) nach Erdöl gesucht. Den Durchbruch brachte 1908 die erste fündige Bohrung bei Masjid-i-Sulaiman. Es begann ein Wettlauf nach weiteren Ölfeldern, die dann im Laufe von Jahrzehnten als zu einer Ölprovinz gehörig erkannt wurden. Die Erdölwirtschaft hat den gesamten Nahen Osten – und nicht nur dessen ölträchtigen Kernraum – folgenschwer verändert. Aus bedeutungslosen, zeitweise am Rande des Existenzminimums lebenden Nomadenstämmen entstanden buchstäblich über Nacht selbstbewusste staatliche Gebilde. Da ihnen Umfang, Abgrenzung und Struktur von den Siegerstaaten des Ersten Weltkrieges diktiert worden waren und keineswegs ihren Wünschen entsprachen, beweist die Macht des Faktischen, dass es auch nach Erreichen der Unabhängigkeit beim Status quo geblieben ist. Dazu beigetragen hat das Erscheinen der Ölgesellschaften, die – nach Abschlüssen der nach westlichem Muster aufgesetzten Konzessionsverträge – zwangsläufig westliche Vorstellungen, Arbeitsweisen und Einrichtungen ins Land brachten (vgl. GABRIEL 1999b). Von großem Einfluss für die wirtschaftliche Entwicklung waren die Infrastrukturmaßnahmen der Ölgesellschaften, wie Straßen- und Flugplatzbau, Wasserbohrungen usw., die für die Ölsuche und vor allem dann für die Förderung notwendig waren. Aufsehen erregender sind die Auswirkungen der immer stärker sprudelnden Ölgelder. Die Einnahmen aus dem Ölgeschäft erbringen – vor allem nach der Verstaatlichung der Ölfelder und der außerordentlichen Steigerung des Ölpreises im Jahre 1974 – den Förderländern „unverdienten" Reichtum (1980 exportierte Saudi-Arabien Erdöl für 101,8 Mrd. US-$). Der fließt in die Hände weniger, woran die Ölgesellschaften ungewollt mitwirkten (vgl. GABRIEL 1999a).

Mit dem neuen Wohlstand begann eine rege Bautätigkeit. Die Siedlungen erhielten ein neues Gesicht. Es entstanden Städte nach westlichem Vorbild, elegante Häuser ersetzten die alten Lehmbauten. Am auffälligsten ist der Wandel in den VAE (Fig. 6), nicht zuletzt durch ihre Aufgeschlossenheit Ungewohntem gegenüber.

Die mehr oder minder starke Abhängigkeit vom Erdöl ist ein ernstes Problem fast aller Länder der Region. Seit langem ist man um Lösungen bemüht, bis-

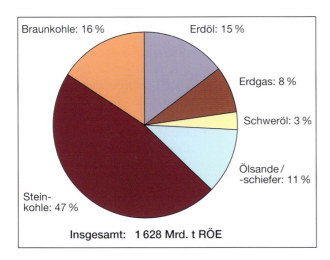

Fig. 7 Organische Energieträger – Weltreserven
(Daten aus MWV aktuell, 8/2000)
Organic energy carriers – world reserves (Figures from MWV aktuell, 8/2000)

lang ohne dauerhaften Erfolg. Das ist auch einer der Gründe für die relativ pflegliche Handhabe des Ölpreises durch die Förderländer bzw. die OPEC. Ein zu hoher Rohölpreis würde die Verbraucherländer veranlassen, ihre Bemühungen um Unabhängigkeit vom Erdöl zu verstärken. Dazu wären sie in der Lage, da andere organische Energieträger außerhalb von Nahost reichlich vorhanden sind (Fig. 7), aber eben zu höheren Preisen und vor allem weder sofort verfügbar noch einsetzbar.

Preiswertes Erdöl sichert den Machthabern in den Förderländern laufenden Absatz, d.h. kontinuierliche Einnahmen, mit denen sie den erreichten öffentlichen Wohlstand – und last but not least auch die private Macht – erhalten können. Diese finanzielle Abhängigkeit hindert sie auch am Einsatz des Erdöls als Waffe, wie es hin und wieder von der einen Seite gefordert, von der anderen befürchtet wird. Alle Teilnehmer am „Golföl-Monopoly" sind sorgsam bemüht, das labile Gleichgewicht um fast jeden Preis zu erhalten. Das gilt auch für die Industriestaaten, denen am Erhalt des Status quo am Golf gelegen ist. Die militärische Dauerpräsenz der USA in dieser einst abgelegenen Region findet hier ihre geopolitische Begründung.

Die zweite Hälfte des letzten Jahrhunderts wird wohl in die Wirtschaftsgeschichte eingehen als die Zeit der billigen (nichterneuerbaren) Energie – nicht zuletzt dank der außerordentlichen Gegebenheiten der Ölprovinz Persisch-Arabischer Golf, dem Ölfleck auf dem Globus.

Literatur:

BP Amoco (2000): BP Amoco alive – statistical review of world energy. London.
BP Benzin und Petroleum AG (1972): Die Weltmineralölwirtschaft 1960–1970. Hamburg.
Deutsche Shell (1980): Perspektiven der Energieversorgung. Aktuelle Wirtschaftsanalysen, Oktober.
Energie/Kernenergie. Hamburg 1979. = Spiegel-Verlagsreihe Märkte im Wandel, Bd. **8**.
ExxonMobil (2000): OELDORADO 2000. Hamburg.
GABRIEL, E. (1975): Strukturwandel der Wirtschaftslandschaften am Persergolf. Kölner Forschungen zur Wirtschafts- und Sozialgeographie, Bd. **XXI**.
GABRIEL, E. (1999a): Die Ölprovinz Persisch-Arabischer Golf. Geographische Rundschau, **11**: 630–638.
GABRIEL, E. (1999b): Zur Grenzbildung in Arabien. Geographische Rundschau, **11**: 593–599.
MWV aktuell, 8/2000. Hamburg.
NEHRING, R. (1980): The outlook for world oil resources. Oil & Gas Journal, 27. Oct.: 170–175.
ROADIFER, R.E. (1986): Giant Fields. Oil & Gas Journal, 24. Feb.: 93–100.
RÜHL, W. (1970): Erdöl und Erdgas. In: BISCHOFF, W., & W. GOCHT: Das Energiehandbuch. Braunschweig, 95–150.
SCHLIEPHAKE, K. [Hrsg.] (1995): Die kleinen Arabischen Golfstaaten. Würzburger Geographische Manuskripte, **36**.
STEINBECK, E.G. (1980): Das Ende des Ölzeitalters. Geographische Rundschau, **3**: 86–91.

Manuskriptannahme: 20. Dezember 2000

Prof. Dr. ERHARD GABRIEL, Carstenseck 5, 22926 Ahrensburg

Deutsches Orient-Institut

Orient-Dokumentation beim Deutschen Übersee-Institut

Das *Deutsche Orient-Institut* (DOI) ist ein Forschungsinstitut, das sich mit Politik, Wirtschaft und Gesellschaft der Region zwischen Nordafrika und Zentralasien befasst. Es wurde 1960 gegründet und bildet zusammen mit anderen regional orientierten Forschungsinstituten die Stiftung *Deutsches Übersee-Institut* (DÜI). Im Mittelpunkt der Forschungstätigkeit stehen die Innen-, Außen- und Wirtschaftspolitik der Staaten der Region, Fragen kultureller Identität, des politischen Systemwandels und gesellschaftlicher Veränderungen. Sozioökonomische Probleme bilden ein weiteres Arbeitsfeld ebenso wie die Stellung der Region im Rahmen der internationalen Politik.

Die Forschungsarbeit des Institutes kann in folgenden Schwerpunkten zusammengefasst werden:

- Politische und gesellschaftliche Entwicklungen im Nahen Osten unter besonderer Berücksichtigung von Demokratisierungsprozessen,
- Entstehung und Verlauf regionaler und lokaler Konflikte,
- Religiöse und ethnische Faktoren als Elemente politischer und gesellschaftlicher Transformation,
- Staat und Wirtschaft im Entwicklungsprozess,
- Ansätze und Organisationen politischer und wirtschaftlicher Zusammenarbeit in der Region,
- Politische und wirtschaftliche Beziehungen zwischen dem Nahen Osten und der Europäischen Union, namentlich der Bundesrepublik Deutschland,
- Nordafrika, der Nahe Osten und Zentralasien in der internationalen Politik,
- Entstehung und Wandel politischer Wertvorstellungen; Menschenrechte.

In mittelfristiger Perspektive orientiert sich die Arbeit an folgenden zwei Forschungsachsen:

- Politische Opposition und gesellschaftlicher Wandel in Nordafrika und im Nahen und Mittleren Osten,
- Medien und politische Transformation im Nahen Osten und in der islamischen Welt.

Das Deutsche Orient-Institut publiziert die Ergebnisse seiner Forschungsarbeit in einer Reihe von Veröffentlichungsserien:

- Das *Nahost-Jahrbuch* erscheint seit 1987 jeweils etwa sechs Monate nach Abschluss des Kalenderjahres. Es enthält Übersichten zu fast allen Ländern der Region, eine Chronologie, die Darstellung der wichtigsten regionalpolitischen Konflikte, Ereignisse und Entwicklungen.

- Die Zeitschrift *Orient* berücksichtigt wissenschaftliche Beiträge aus einem breiten Spektrum von Disziplinen, die von der Islamwissenschaft und neueren Geschichte über die Politikwissenschaft und die Sozialwissenschaften bis hin zur Wirtschaftswissenschaft reichen.

- Die *Schriften des Deutschen Orient-Instituts* veröffentlichen in erster Linie Arbeitsergebnisse aus dem Bereich der nahostbezogen arbeitenden Politikwissenschaft.

- Die *Mitteilungen des Deutschen Orient-Instituts* stehen ähnlich wie die Zeitschrift Orient einem breiten Spektrum wissenschaftlicher Disziplinen offen.

- Neu eingeführt wurden im Jahr 2000 die Sonderpublikationen *Hamburger Beiträge: Medien und politische Kommunikation – Naher Osten und islamische Welt*, die primär Ergebnisse des Schwerpunktes „Medien und politische Transformation im Nahen Osten" publizieren.

Praktikumsplätze werden am DOI jeweils einem Praktikanten bzw. einer Praktikantin für die Dauer eines Monats zur Verfügung gestellt. Das Praktikum ist für Studierende geisteswissenschaftlicher Disziplinen gedacht, die ihr Grundstudium abgeschlossen haben. Regionale Sprachkenntnisse sind wünschenswert.

Deutsches Orient-Institut
Neuer Jungfernstieg 21
20354 Hamburg
Telefon: 040/42834-514 (-531)
Fax: 040/42834-509
E-Mail: doihh@uni-hamburg.de
Homepage: http://www.doihh.de/

Praxis

- Eine neue Veröffentlichung (sie erschien im Herbst des Jahres 2000 zum ersten Mal) ist auch das *Orient-Journal*. Dabei handelt es sich nicht um ein weiteres Forum der wissenschaftlichen Aufbereitung aktueller Ereignisse im geographischen Arbeitsgebiet des Deutschen Orient-Institutes. Ziel ist es vielmehr, langfristige Entwicklungstendenzen zu profilieren und auf diese Weise einen Rahmen des Verständnisses vielschichtiger politischer, wirtschaftlicher und kulturpolitischer Sachverhalte zu schaffen. Zugleich soll damit die Verbindung zwischen Wissenschaft und beruflicher Praxis gestärkt werden. Mit einer Auflage von 10 000 Exemplaren erreicht es alle am Orient Interessierten in Wissenschaft, Politik, Wirtschaft, Verwaltung und in den Medien.

Die *Bibliothek* des Deutschen Orient-Instituts ist eine für alle an der Region interessierten Leser geöffnete Präsenzbibliothek. Sie umfasst ca. 33 000 Bücher und Druckschriften sowie 210 laufend gehaltene Zeitschriften, davon 25 in arabischer, türkischer und persischer Sprache. Zu bemerken ist, dass das Deutsche Orient-Institut im Auftrag der Deutschen Forschungsgemeinschaft so genannte graue Literatur, d. h. Statistiken, Veröffentlichungen amtlicher oder halbamtlicher Stellen sowie Staatsanzeiger der Länder Region, sammelt.

Das *Archiv* verfügt über 31 Tages- und Wochenzeitungen. Neben den wichtigsten europäischen Zeitungen werden die bedeutendsten Zeitungen der Nahostregion zum Teil mikroverfilmt und zum Teil in Form von Zeitungsausschnitten nach Ländern systematisch geordnet archiviert.

Das Institut präsentiert sich im Internet über eine eigene *Homepage*. Hier findet man vielfältige Informationen über das Institut, über die Mitarbeiter und zu aktuellen Projekten. Darüber hinaus weisen Links auf weiterführende Informationsquellen hin.

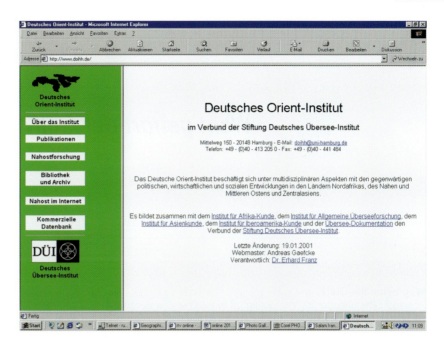

Über aktuelle Projekte des Deutschen Orient-Institutes informiert http://www.doihh.de/

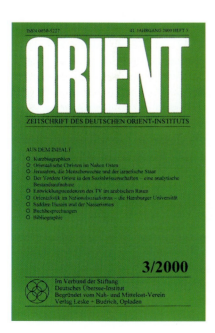

Orient-Dokumentation

Die *Orient-Dok*umentation (ORDOK) ist Teil der Übersee-Dokumentation am Deutschen Übersee-Institut. Sie weist relevante Fachliteratur zur politischen, wirtschaftlichen und sozialen Entwicklung in den Ländern nach, die zugleich Arbeitsgebiete des Deutschen Orient-Instituts sind. Dabei konzentriert sie sich bei der nachgewiesenen Literatur auf die gegenwartsbezogene Länderkunde. Die Datenbank zeichnet sich durch außerordentlich differenzierte Recherchemöglichkeiten aus. Neben monographischer Literatur spielen Aufsätze aus Sammelbänden und Zeitschriften eine herausragende Rolle. Es werden Arbeiten in allen wesentlichen (auch nichteuropäischen) Sprachen erfasst. Mit Hilfe der Datenbank

- erstellt die Orient-Dokumentation Bibliographien zu aktuellen Themen und
- führt auch Literaturrecherchen durch. Zu jedem Titel wird in der Regel ein Standort in einer deutschen Bibliothek nachgewiesen, um die direkte Beschaffung zu erleichtern.

Weitere Einzelheiten finden sich auf der Homepage der ORDOK.

UDO STEINBACH, DOI Hamburg

> Orient-Dokumentation
> Neuer Jungfernstieg 21
> 20354 Hamburg
> Telefon: 040 / 42834 - 582
> Fax: 040 / 42834 - 512
> E-Mail: duei-dok@uni-hamburg.de
> Homepage: http://www.rrz.uni-hamburg.de/duei-dok/

Wem gehört der Golf?

Rolf Friedrich Krause

4 Figuren im Text

Who owns the Gulf?
Abstract: The question of "ownership" of the Gulf region became of political importance in connection with the discovery of large oil and gas fields there. The natural riches of the Gulf were a decisive factor in both Gulf wars and are responsible for the US commitment in the region; the "pax Britannica" of colonial and post-colonial days has been superseded by a strategically justified "pax Americana" in the last two decades. Parallel to this, the name itself changed in function; the term "Persian Gulf", which was used in a purely descriptive manner for centuries, came to be interpreted in a political way in the 1980s. This led to the Arab side rejecting it, insisting instead on the use of the term "Arabian Gulf" or at least "Gulf".
Keywords: Persian Gulf, Arabian Gulf, political geography, history

Zusammenfassung: Die Frage nach der Kontrolle über die Golfregion wurde mit der Entdeckung der Öl- und Gasfelder in der Region virulent. Die Verfügungsgewalt über diese Rohstoffe von globaler Bedeutung war in beiden Golfkriegen von entscheidender Relevanz und begründet auch das strategische Interesse der USA an der Region; die „Pax Britannica", die bis zum Beginn der 1970er Jahre herrschte, wurde innerhalb der letzten beiden Dekaden durch eine „Pax Americana" abgelöst. Parallel zu dieser Entwicklung wurde der seit Jahrhunderten gebrauchte, geographische Begriff des „Persischen Golfes" selbst zum Politikum und spätestens seit Mitte der 1980er Jahre von arabischer Seite nicht länger akzeptiert.
Schlüsselwörter: Persischer Golf, Arabischer Golf, Politische Geographie, Geschichte

Wem gehört der Golf? Diese Frage stellte sich seit dem Ende des 19. Jh., als im Rahmen der imperialen Großmachtpolitik das russische Drängen nach Süden, zu den Häfen am Golf, in Persien mit dem britischen Bestreben der Sicherung des Weges nach Indien kollidierte (Korff 1922, S. 37). So vermutete Korff (1922) auch ein abgestimmtes Vorgehen zwischen Russland und dem Deutschen Reich, das sich zeitgleich um die Verlängerung der Bagdad-Bahn bis an den Golf in Kuwait bemühte. Spätestens seit der wirtschaftlichen Nutzung der im Meer gelegenen Offshore-Öl- und -Gaslagerstätten im Golf hat zudem die Frage der Abgrenzung territorialer Ansprüche auch jenseits der eigenen Küstenlinie wirtschaftliche und politische Relevanz bekommen. Durch die anhaltende globale Bedeutung der hier befindlichen Rohstoffe wurde die Region zum bedeutsamen Element in den politischen und sicherheitspolitischen Einflusssphären der Großmächte, eine Rolle, die die Region auch in absehbarer Zukunft behalten wird. Der seit Mitte des 20. Jh. aufkommende arabische Nationalismus und die Spannungen gegenüber dem nichtarabischen Iran machten schließlich auch den Namen des Quasibinnenmeeres selbst zum Politikum.

Mit Inkrafttreten des UN-Seerechtsübereinkommens am 16. November 1994 (United Nations 1997), das von allen Anrainerstaaten des Golfes unterzeichnet, von Iran, Katar und den Vereinigten Arabischen Emiraten allerdings noch nicht ratifiziert wurde (Stand: August 2000), ist völkerrechtlich die Breite des Küstenmeeres (d. h. Souveränitätsanspruch des Uferstaates) auf 12 sm (22,2 km) festgelegt. Die traditionelle Begrenzung auf 3 sm ergab sich aus dem maximalen Wirkungsbereich der Küstenartillerie im 17. und 18. Jh. Auch wenn nicht alle Anrainer das Übereinkommen ratifiziert haben, kann inzwischen doch von einer völkergewohnheitsrechtlichen Gültigkeit der 12-sm-Zone ausgegangen werden. Daran schließt sich die *Ausschließliche Wirtschaftszone* mit einer Breite von bis zu 200 sm an, in der der Uferstaat besondere Rechte für die wirtschaftliche Nutzung (Fischerei, aber auch Ausbeutung von Bodenschätzen) genießt. Im Golf grenzen die Ausschließlichen Wirtschaftszonen der Anrainer aneinander; die Uferstaaten haben jedoch bereits 1958 begonnen, im Rahmen bilateraler Verträge die jeweiligen Ansprüche gegeneinander abzugrenzen (Bundy 1994, S. 177 ff.; United States Department of State 1981), wenngleich bis heute nicht alle territorialen Streitfragen geklärt sind (nicht nur zwischen den Vereinigten Arabischen Emiraten und Iran um einige Inseln, sondern auch z. B. zwischen Katar und Bahrain). Für die Straße von Hormus, in der sich

Persischer / Arabischer Golf

über eine Länge von 15 sm auch die Küstenmeere überschneiden (DRYSDALE 1985, S. 138), gelten die besonderen Regeln für internationale Meerengen (Artikel 34–45 des UN-Seerechtsübereinkommens). Generell gilt hier das Recht der Transitpassage, d. h. der Freiheit der Schifffahrt und des Überflugs zum Zweck des ununterbrochenen und zügigen Transits für See- und Luftfahrzeuge aller Art. Gelegentlichen Versuchen der Uferstaaten, im Rahmen der Transitregeln für internationale Meerengen generell (aber auch bei der Straße von Hormus) Einschränkungen beispielsweise bezüglich der Passage von nukleargetriebenen Schiffen, Kriegsschiffen mit nuklearer Bewaffnung oder U-Booten in Tauchfahrt – aufgrund der relativ geringen Wassertiefe der Straße von Hormus ohnehin problematisch – durchzusetzen, wurde insbesondere von den USA entweder explizit widersprochen, oder diese Versuche wurden faktisch ignoriert. Die Fahrrinne in der Straße von Hormus verläuft wegen der größeren Wassertiefe und der Wegstrecke vollständig innerhalb des omanischen Teils des Wasserweges, womit dem Sultanat die ausschließliche Verantwortung für die Sicherheit dieses Wasserweges zufällt.

Die Anrainerstaaten des Golfes verfügen über zwei Drittel der weltweit nachgewiesenen Reserven an Erdöl und über ein Drittel der Erdgasreserven; das größte und ergiebigste Gasfeld liegt im *Offshore-Bereich* nördlich von Katar und erstreckt sich bis in den iranischen Teil der Ausschließlichen Wirtschaftszone (KEMP & HARKAVY 1997, S. 123). Welche Verlockung die Reichtümer der Golfregion ausüben, zeigte sich spätestens beim Einmarsch der Iraker in Kuwait 1990; Irak selbst hat nur über die Mündung des Schatt el Arab Zugang zum Golf, und der irakische Anteil der Ausschließlichen Wirtschaftszone ist vernachlässigbar (die produktiven irakischen Ölquellen finden sich hauptsächlich im Norden des Landes in der Umgebung von Mossul). Wie stark der Neidfaktor das irakische Verhalten mitbestimmte, zeigte sich beim erzwungenen Abzug der irakischen Truppen, als diese in einer bislang nicht dagewesenen Weise Ölanlagen in Flammen setzten oder Öl unkontrolliert ins Meer laufen ließen und damit (ohne jeglichen taktischen oder strategischen Nutzen) eine ökologische Katastrophe auslösten (WELLS 1996, S. 133; CANBY 1991).

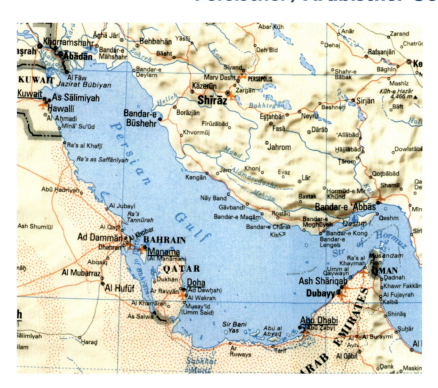

Fig. 1 „Persian Gulf" in Hammond Atlas of the World (1992, S. 106–107, Ausschnitt)
"Persian Gulf", in Hammond Atlas of the World (1992, part of pp. 106–107)

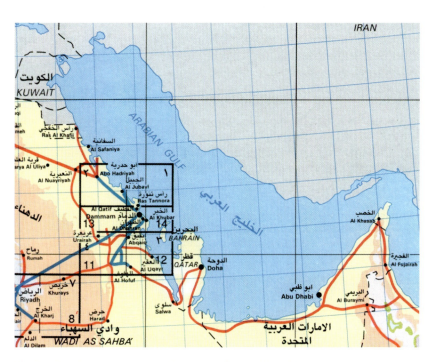

Fig. 2 „Arabian Gulf" in FARSI (1991, S. 114, Ausschnitt verkleinert)
"Arabian Gulf", in FARSI (1991, p. 114, scaled-down part)

Dass die USA bezüglich der Machtverhältnisse in der Region ein *„droit de regard"* beanspruchen, ist nicht neu. Schon die Feststellung des US-Präsidenten CARTER in der „State of the Union Address" vom Januar 1980: „Any attempt to gain control of the Persian Gulf

© 2001 Justus Perthes Verlag Gotha GmbH

Fig. 3   „The Gulf" in The Times Atlas of the World (1999, Plate 32, Ausschnitt verkleinert)
"The Gulf", in Times Atlas of the World (1999, plate 32, scaled-down part)

region will be regarded as an assault on the vital interests of the United States" (Zahlan 1989, S. 144) war nur die Wiederholung einer bereits früher formulierten Position, die auch als „Carter-Doktrin" bekannt wurde (Tibi 1985, S. 21). Allerdings bedurfte es nach der Revolution im Iran mit dem damit verbundenen Verlust dieses amerikanischen „Standbeins" am Golf und der jahrzehntelangen Zurückhaltung der arabischen Staaten bezüglich einer Stationierung von US-Truppen in der Region tatsächlich erst des (zweiten) Golfkrieges von 1991, um den USA die Möglichkeit zu geben, erneut militärisch Fuß fassen zu können. Nach dem Ende der Operation

„Desert Storm" wurde in Bahrain das Hauptquartier der 5. US-Flotte eingerichtet, im Rahmen des „*Prepositioning Programme*" wurde in Kuwait und Katar Material für mechanisierte und gepanzerte Einheiten eingelagert, darunter weit über 100 Kampfpanzer, und in Saudi-Arabien wie in Kuwait verblieben amerikanische Luftwaffenverbände (Kemp & Harkavy 1997, S. 255 ff.). Hieran zeigt sich, dass die USA davon ausgehen, noch auf absehbare Zeit – wohl wesentlich auch zum Schutz der eigenen, erheblichen Reserven – auf Golföl angewiesen zu sein (Kemp & Harkavy [1997, S. 25] gehen von mindestens 15 Jahren aus). Die „Pax Britannica", die bis zum Rückzug Großbritanniens aus den Gebieten „East of Suez" im Jahr 1971 herrschte, wurde – bis auf weiteres – durch eine „Pax Americana" ersetzt.

Die Interessengegensätze, die diese Region nachhaltig beeinflussen, kommen auch in der Namensfrage zum Ausdruck (zur Einordung siehe z. B. Krause 1993). Im Sammelband „The Arab Gulf and the West" merkt ein ehemaliger britischer Diplomat an: „The expression 'Persian Gulf' has occasionally been used when quoting a reference in an original or legal document. This naturally implies no political prejudice" (Roberts 1985, S. 9). Die Tatsache, dass er meint, auf mögliche Missverständnisse hinweisen zu müssen, zeigt, dass Mitte der 1980er Jahre der früher übliche Sprachgebrauch „Persischer Golf" den Regeln einer neuen „political correctness" hat weichen müssen.

Für die arabischen Geographen des Mittelalters war die Bezeichnung „Persischer Golf" oder „Persisches Meer" selbstverständlich. Al Mas'udi (10. Jh.) sprach von „bahr fars" (بحرفرس = Persisches Meer), ebenso Istakhri und andere. Dem wurde, das geht aus dem jeweiligen Zusammenhang hervor, keineswegs politische Bedeutung zugemessen, der Name diente lediglich deskriptiv zur Unterscheidung von anderen Meeren und Meeresteilen. Die arabischen Geographen stehen damit in der griechischen Tradition – bei Eratosthenes (3. Jh. v. Chr.) heißt der Golf „persikos kolpos" (während das Rote Meer von griechischen Autoren als „arabios kolpos" bezeichnet wird [Högemann et al. 1987]). In gleicher Weise erfolgte die Verwendung auch in der europäischen Literatur, in der bis weit ins 20. Jh. hinein vom „Persischen Golf" bzw. „Persian Gulf" gesprochen wurde (Fig. 1; s. a. Krause 1983). Parallel mit der Unabhängigkeit und steigendem Selbstbewusstsein der arabischen Staaten am Golf – zu dem sicherlich die Öleinnahmen deutlich beigetragen haben – sowie den territorialen Auseinandersetzungen mit dem großen Nachbarn auf der Nordseite, zunächst mit dem Kaiserreich,

Fig. 4   „Persischer Golf (Arabischer Golf)" in Alexander [-Atlas] Gesamtausgabe (2000, S. 87, Ausschnitt)
"Persischer Golf (Arabischer Golf)", in Alexander [-Atlas] Gesamtausgabe (2000, part of p. 87)

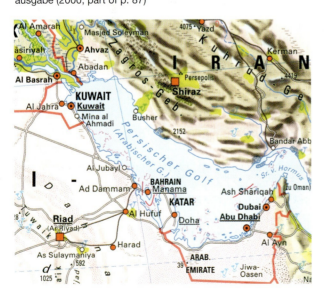

später fortgesetzt mit der Islamischen Republik Iran, die sich in der Frage des Besitzes der Tunb-Inseln am Westende der Straße von Hormus (vgl. SCHOFIELD 1994, S. 34 ff.), letztlich aber auch im (ersten) Golfkrieg manifestierten, waren die arabischen Golfanrainer – 1981 zusammengeschlossen im Golf-Kooperationsrat (GCC) – nicht länger bereit, den Begriff „Persischer Golf" zu akzeptieren. Sie sprachen ihrerseits vom „Arabischen Golf" (Fig. 2) oder, wie im Titel der genannten Regionalorganisation, nur vom „Golf". Diese semantisch-politische Auseinandersetzung – ZORGBIBE (1991, S. 11) spricht in diesem Zusammenhang von „fièvre politique" – führte in den 1980er Jahren sogar dazu, dass in einschlägigen Publikationen davon abgeraten wurde, im Handelsverkehr mit Katar in den Zolldokumenten die Bezeichnung „Persischer Golf" zu verwenden (Handelsblatt 1997, S. 145). Erwartungsgemäß ist aus iranischer Sicht weiterhin die Bezeichnung „khalîg-i-fars" (Persischer Golf) korrekt, die Bezeichnung „Arabischer Golf" stößt hingegen in Teheran auf Widerspruch.

Aus pragmatischen Gründen hat in der internationalen Literatur inzwischen die neutrale Bezeichnung „der Golf" (Fig. 3) weite Verbreitung gefunden. Wenn selbst diese neutrale Variante als problematisch erscheint, wird das entsprechende Gebiet überhaupt nicht bezeichnet; so wird auf der Karte der UN Iraq-Kuwait Boundary Demarcation Commission (1 : 250 000; United Nations 1993), auf der nach dem (zweiten) Golfkrieg die Grenze zwischen beiden Staaten festgelegt wurde, von einer Namensnennung des Golfes völlig abgesehen.

Der Namensstreit, der außerhalb der Region nicht selten als reine Bagatelle abgetan wird, hat im nach wie vor spannungsgeladenen Neben- und Miteinander der Anrainerstaaten des Golfes durchaus eine – zumindest symbolische – Bedeutung, geht doch daraus hervor, wem der Golf zumindest in der eigenen Perzeption eigentlich gehört oder zumindest gehören sollte. Aus einem rein deskriptiven Begriff ist somit ein Politikum geworden.

Literatur

Alexander [-Atlas] Gesamtausgabe (2000): Gotha und Stuttgart.
BUNDY, R. R. (1994): Maritime delimitation in the Gulf. In: SCHOFIELD, R. [Ed.]: Territorial foundations of the Gulf States. New York, 176–186.
CANBY, T. Y. (1991): After the Storm. National Geographic Magazine, August: 2–33.
DRYSDALE, A., & G. H. BLAKE (1985): The Middle East and North Africa. A Political Geography. New York, Oxford.
FARSI, ZAKI M. A. [Ed.] (1991): National Guide & Atlas of the Kingdom of Saudi Arabia. Jeddah.
Hammond Atlas of the World (1992): Maplewood.
Handelsblatt (1997): Business Traveller's Guides: Arabische Halbinsel. Frankfurt/M., Düsseldorf.
HÖGEMANN, P., BUSCHMANN, K., & D. KIMMICH (1987): Staaten und Kulturen am Erythräischen Meer (4.–2. Jh. v. Chr.). Tübinger Atlas des Vorderen Orients (TAVO), Blatt B V 22. Wiesbaden.
KEMP, G., & R. E. HARKAVY (1997): Strategic Geography and the Changing Middle East. Washington.
KORFF, S. A. (1922): Russia's foreign relations during the last half century. London.
KRAUSE, R. F. (1983): Die Bedeutungsverschiebung omanischer Hafenstädte und Wandlungstendenzen im omanischen Seehandel in den letzten 1500 Jahren. Dissertation Universität Würzburg.
KRAUSE, R. F. (1993): Orient, Naher und Mittlerer Osten. Geographische Rundschau, (1): 4–9.
ROBERTS, D. (1985): The Consequences of the Exclusive Treaties: A British View. In: PRIDHAM, B. R. [Ed.]: The Arab Gulf and the West. New York, 1–14.

SCHOFIELD, R. (1994): Borders and Territoriality in the Gulf and the Arabian Penisula during the twentieth Century. In: SCHOFIELD, R. [Hrsg.]: Territorial Foundations of the Gulf States. New York, 1–77.
The Times Atlas of the World (1999): London.
TIBI, B. (1985): Die Golfregion im globalen Kräftefeld. In: SCHOLZ, F. [Hrsg.]: Die Golfstaaten. Wirtschaftsmacht im Krisenherd. Braunschweig, 17–35.
United Nations [Ed.] (1993): UN Iraq-Kuwait Boundary Demarcation Commission. Karte, 1 : 250 000. New York.
United Nations [Ed.] (1997): The Law of the Sea. Official Text of the United Nations Convention on the Law of the Sea of 10 December 1982. Office of Legal Affairs, Division for Ocean Affairs and the Law of the Sea. New York.
United States Department of State [Ed.] (1981): Limits in the Sea, No 94, Continental Shelf Bounderies: The Persian Gulf. Bureau of Intelligence and Research, Office of the Geographer. Washington.
WELLS, D. A. [Ed.] (1996): An Encyclopedia of War and Ethics. Westport, London.
ZAHLAN, R. S. (1989): The Making of the Modern Gulf States: Kuwait, Bahrain, Qatar, The United Arab Emirates and Oman. London.
ZORGBIBE, CH. (1991): Géopolitique et histoire du golfe. Paris.

Manuskriptannahme: 21. Dezember 2000

VLR Dr. Dr. ROLF F. KRAUSE, Joachim-Karnatz-Allee 25, 10557 Berlin

http://www.geocities.com:0080/
Athens/Acropolis/8779/deutsch.
html

Kulturverein der Persisch-sprachigen in Marburg e. V.

Ausführliche deutschsprachige Informationen zur Geographie, Geschichte und Kultur Persiens sind unter der Adresse des Kulturvereins der Persischsprachigen in Marburg anzutreffen.

Wie von einem Basar nicht anders zu erwarten, fasst das dreisprachige Informationsportal „Iran-Bazar" (http://www.iranbazar.com/deutsch/) iranische Internetangebote zusammen. Das Angebot gliedert sich in neun thematische und zehn regionale Kategorien. Die iranische Botschaft in Ottawa präsentiert mit dem Titel „Salam Iran" (http://www.salamiran.org) eine Website, die landeskundliche Informationen in sechs Rubriken bereithält (Fig. 1). Unter der Rubrik „Iran Information" finden sich einführende Texte zu Geographie, Geschichte und Politik des Landes. Die iranische Nachrichtenagentur IRNA betreibt unter dem Titel „Sightseeing in Iran" (http://greetings.irna.com/eturism/) eine reich bebilderte Website, die über das touristische Potential der persischen Regionen informiert.

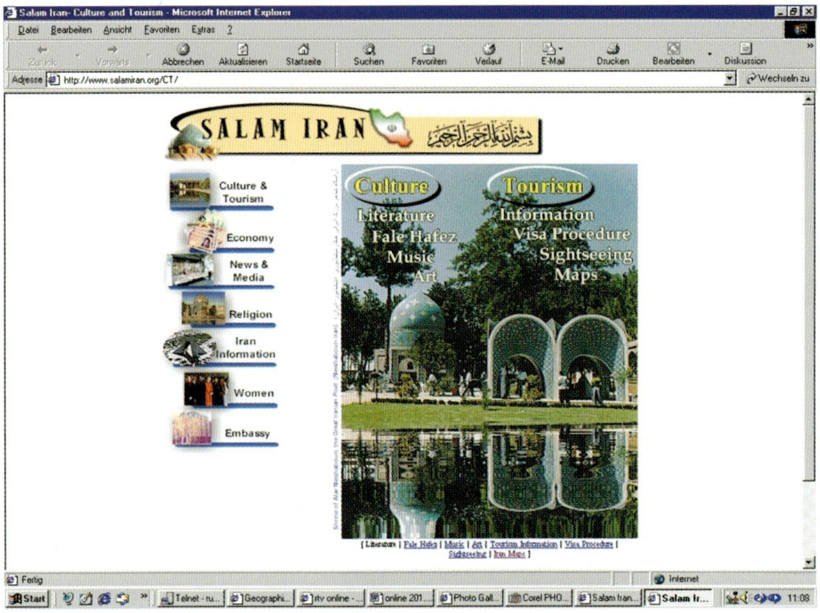

http://www.doihh.de/

Deutsches Orient-Institut

Das Deutsche Orient-Institut (siehe S. 12–13 in diesem Heft) beschäftigt sich unter multidisziplinären Aspekten mit den gegenwärtigen politischen, wirtschaftlichen und sozialen Entwicklungen in den Ländern Nordafrikas, des Nahen und Mittleren Ostens und Zentralasiens. Im Vordergrund der Forschungstätigkeit stehen die Innen-, Außen- und Wirtschaftspolitik der Staaten der Region, Fragen kultureller Identität, des politischen Systemwandels und gesellschaftlicher Veränderungen; sozioökonomische Probleme bilden ein weiteres Arbeitsfeld.

Die Website informiert über die Aufgaben und Ziele des Instituts und seine Publikationen. Die Veröffentlichungen sind über eine Datenbank kostenlos recherchierbar, der Abruf der Dokumente ist jedoch gebührenpflichtig. Eine nach Ländern gegliederte Linkliste kann als Startpunkt für weitere Recherchen genutzt werden.

http://www.iraqfoundation.org/

The Iraq Foundation

Die Iraq Foundation ist eine gemeinnützige Organisation mit Sitz in Washington, D. C., die sich für Demokratie und Menschenrechte im Irak einsetzt. Über die Seite können Projektberichte und Veröffentlichungen der Stiftung heruntergeladen werden.

Am Fachbereich Politikwissenschaft der University of Texas entstand 1998 eine Website zur Rolle des Irak im Golfkrieg (http://www.la.utexas.edu/soc308c/projects/iraq/), die neben allgemeinen Informationen eine Reihe von alternativen Szenarien diskutiert.

http://www.kuwait-info.org/
Home/home.html

The Kuwait Information Office

Die Internetseiten des Informationsbüros offerieren eine Fülle von Fakten zu Kuwait. Neben statistischen und landeskundlichen Informationen sind Dokumente zum Golfkrieg und Wiederaufbau, eine Bibliographie sowie eine Sammlung von Karten, Fotos und Videoclips abrufbar. Eine ausführliche Linkliste eröffnet den Weg zu weiteren Institutionen und Internetangeboten des Landes.

http://www.saudinf.com/

Saudi Arabia Information Resource

Unter dieser Adresse hält das saudi-arabische Informationsministerium mehr als 2000 Seiten Wissenswertes über Saudi-Arabien zum Download bereit. Mittels eines Schlagwortverzeichnisses und einer interaktiven Karte lassen sind die Informationen sowohl thematisch als auch regional erschließen. Eine Fo-

Fig. 1 Über die Landeskunde des Irans informiert die iranische Botschaft in Ottawa.

togalerie und ein täglich aktualisierter Nachrichtendienst runden diese Website ab.

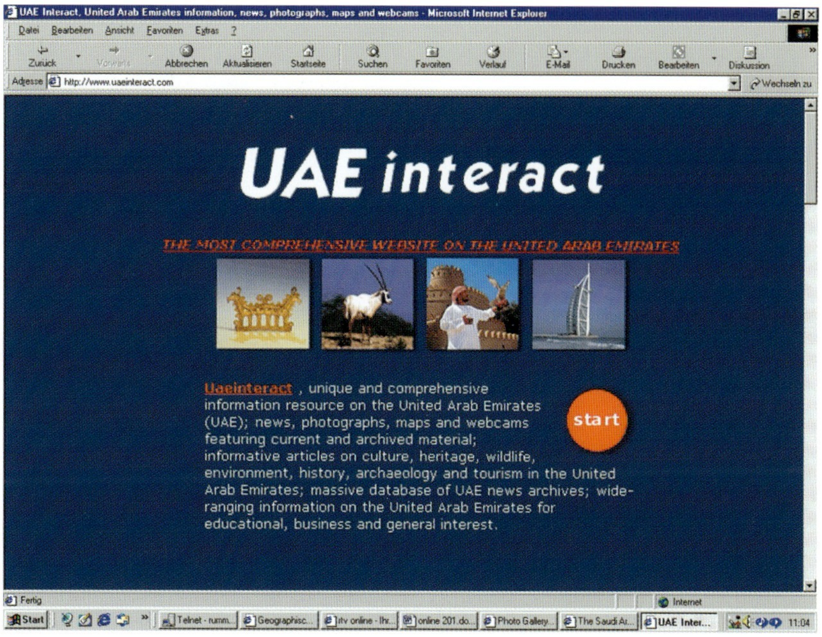

http://www.uaeinteract.com

UAE Interact

Unwidersprochen muss der Untertitel dieser Seite akzeptiert werden: Die umfassendste Website über die Vereinigten Arabischen Emirate. Aus der Vielfalt des Angebotes ragen multimediale Einführungen in Flora und Fauna (Natural UAE) und Geschichte (UAE History) heraus. Eine virtuelle Exkursion (Emirates Tour) führt zu den Sehenswürdigkeiten der Emirate. Im virtuellen Museum können die Ausstellungsstücke dreidimensional bewegt und von allen Seiten betrachtet werden (Fig 3).

http://www.gcss.org.uk/

The Gulf Centre for Strategic Studies

Das Gulf Centre for Strategic Studies wurde im Jahre 1985 in London mit der Zielsetzung gegründet, Beiträge zum Meinungsbild über den Nahen Osten und insbesondere über die Golfstaaten in den westlichen Industriestaaten zu liefern. Zu diesem Zweck gibt das Zentrum Bücher und andere Publikationen heraus und organisiert wissenschaftliche Tagungen. Ein kostenloser monatlicher Rundbrief, der „Gulf Report", fasst aktuelle Ereignisse aus ökonomischer, politischer und geostrategischer Sicht zusammen. Beiträge von Journalisten und Akademikern aus Großbritannien und aus den Nahoststaaten kommen ebenso hinzu wie Rezensionen und statistische Übersichten zur Wirtschaft und zur Militärpräsenz in der Golfregion (Fig. 2).

http://www.caisuk.com/

Centre for Arab and Iranian Studies

Der ehemalige iranische Botschafter JAAFAR RA'ED gründete 1980 in London das Zentrum für Arabische und Iranische Studien. Dieses Forschungszentrum sammelt und analysiert Informationen aus der arabischen Welt mit dem Schwerpunkt Iran. Die Erkenntnisse fließen in Auftragsgutachten sowie in einen monatlich erscheinenden arabischsprachigen Newsletter (Al-Moujez-an-Iran) ein, der über die jüngsten Entwicklungen im Iran informiert. Wirtschaft, Militär und Religion sowie biographische Skizzen einflussreicher Amts- und Funktionsträger des Landes sind hierbei Schwerpunkte. Die wichtigsten Artikel können in englischer Übersetzung von der Website heruntergeladen werden.

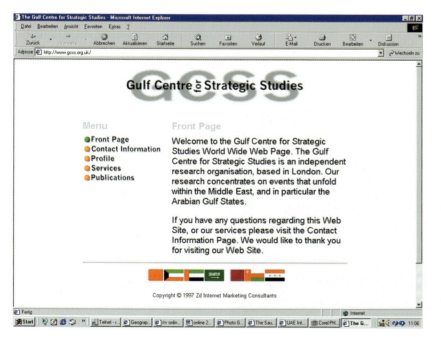

Fig. 3 Die umfassendste Internet-Präsentation der Vereinigten Arabischen Emirate

Fig. 2 Das GCSS prägt weltweit das Meinungsbild über den Nahen Osten.

THOMAS OTT, Universität Mannheim

PGM Exkursion

PGM zukünftig mit neuer Rubrik

> „Nehmen Sie an so vielen Exkursionen wie nur möglich teil. Dort lernen Sie die vernetzte Sicht- und Arbeitsweise von Geographen kennen, das Lernen ist viel anschaulicher als im Hörsaal und wird leichter gespeichert. Exkursionen sind teamorientiert, bauen soziale Schwellen zu Kommilitonen/-innen und zu Lehrpersonen ab"
> (BORSDORF 1999, S. 147).

Exkursionen sind ein fester Bestandteil aller geographischen Studiengänge an den deutschen Hochschulen, und auch in Schulen sind sie gelegentlich Element der Curricula, und das aus mehreren guten Gründen, wie das Zitat von BORSDORF (siehe oben), das sich als eine Empfehlung für Studienstrategien versteht, bereits deutlich macht: Sie dienen dazu, die Geographen mit ihren Forschungsgegenständen in unmittelbareren Kontakt zu bringen, als das im Seminarraum oder Hörsaal jemals möglich wäre. Das gilt für den Teilbereich der Physischen Geographie ebenso wie für die Human- oder Kulturgeographie. Darüber hinaus ist die geographische Exkursion, in der Form wie sie häufig praktisch durchgeführt wird, eine „Bastion" zur Vermittlung des ganzheitlichen Raumverständnisses der Geographie, was sich insbesondere daran zeigt, dass sehr viel häufiger als bei anderen Lehrveranstaltungen Anthropo- und Physische Geographen kollegial mit dem Ziel zusammenarbeiten, Zusammenhänge zwischen naturräumlicher Ausstattung und menschlicher Inwertsetzung eines Raumes genauer zu analysieren.

Dennoch sieht sich insbesondere die klassische Exkursion, die mittels Reisebus ein größeres Gebiet zu erschließen sucht, auch dem Vorwurf ausgesetzt, an der Oberfläche der Phänomene zu bleiben, verschiedentlich sogar zu touristischen belanglos-unterhaltsamen Ausflugsfahrten zu degenerieren, statt tiefer in die Sphäre kausaler Erklärungen einzudringen. Es wäre, um diesem Missstand abzuhelfen, sicher utopisch, von jedem Exkursionsleiter für jedes Exkursionsgebiet die notwendige Sach- und Regionalkenntnis zu verlangen, die zum Beispiel in einem langfristigen Forschungsprojekt oder einem Projektseminar erarbeitet wird. Allein die gewissenhafte Exkursionsvorbereitung erfordert großen Arbeitsaufwand, der mit anderen Belastungen oft nur schwer zu vereinbaren ist: angefangen bei der Erfassung und Darstellung einer spezifischen Problemlage über das Ausfindigmachen von Experten zum entsprechenden Thema bis hin zum Auskundschaften geeigneter Standorte zur praktischen Demonstration der Phänomene und der damit verbundenen Investition in Reisezeit zur Vorexkursion.

Mit dem Heft 3/2001 wird das PGM-Team seinen Lesern die neue Rubrik „PGM-Exkursion" anbieten. Ziel dieser Rubrik ist es, Lernenden und Lehrenden Anregungen zur Durchführung eigener Exkursionen zu geben und praktische Unterstützung bei der Vorbereitung und Durchführung von Exkursionen zu bieten. Dazu werden über den Zeitraum eines Jahres sechs Routen innerhalb eines größeren Raumes vorgestellt, allerdings weniger, um einen landeskundlichen Überblick zu geben, sondern um mit Hilfe von Fachleuten aus Theorie und Praxis ausgewählte Themen, die für die jeweilige Region besonders charakteristisch, aktuell oder auch problematisch sind, aufzubereiten.

Jede Exkursion wird durch einen auf das Gesamtgebiet bezogenen Überblick eingeleitet, in dem der jeweilige Fragenkreis erläutert wird. Die anschließende Exkursionsbeschreibung demonstriert die angesprochene Thematik an kon-

Fig. 1 Klimatisches Gunstgebiet Oberrhein – Weinbau in der Ortslage Achkarren am Kaiserstuhl

Exkursion

kreten Beispielen. Sie enthält außerdem technische Hinweise zur Durchführung sowie Kontaktadressen zu Institutionen und Fachleuten, die eventuell Auskunft geben können oder auch einmal zu einem Referat oder einer Diskussion mit Exkursionsgruppen zur Verfügung stehen, und schließlich auch Literatur- und weiterführende Quellenhinweise.

Die jeweils vorgeschlagene Exkursionsroute hat nicht die Aufgabe, das gesamte Großgebiet und sein thematisch relevantes Inventar vorzustellen, strebt also keinen Anspruch auf Vollständigkeit an, sondern beschränkt sich nach dem exemplarischen Prinzip auf einen Teilraum. Außerdem stellen die Fahrstrecken stets einen Kompromiss zwischen der Entscheidung für optimale Demonstrationsstandorte zu einem behandelten Problem und der zeitlichen und räumlichen Erreichbarkeit aller Haltepunkte dar. Im Idealfall sollte der Leser durch den einleitenden Text seinerseits in die Lage versetzt werden, weitere Exkursionsrouten aus der abgehandelten Thematik und den Quellenhinweisen abzuleiten.

Durch die Konzentration auf inhaltliche Schwerpunkte wird die Rubrik „PGM-Exkursion" mindestens in zweifacher Hinsicht nutzbar: Zum einen wird man die vorgestellten Routen als solche natürlich komplett abfahren und nachvollziehen können. Zum anderen bietet sich die Möglichkeit, sich aus den im Verlaufe eines Jahres angesprochenen Leitthemen selbstständig eine Route in Kombination mehrerer Schwerpunktbereiche zusammenzustellen. Über die Printversion hinaus wird es deshalb zu „PGM-Exkursion" im Heft eine entsprechende Internetrubrik geben, in der zusätzliche Hinweise und von Fall zu Fall weitere informative Unterlagen zur Vorbereitung und Durchführung der Exkursionen bereitgestellt werden.

Der erste über ein Jahr hinweg in 6 Folgen vorgestellte größere Raum wird das Oberrheingebiet sein, zu dem folgende Exkursionsthemen geplant sind:

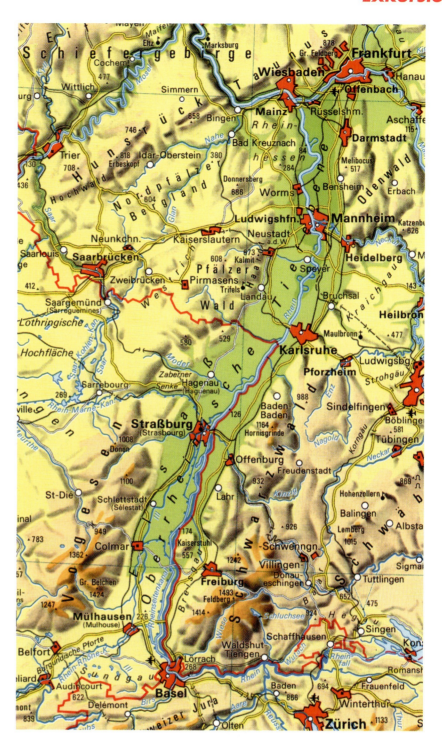

Fig. 2 Das Exkursionsgebiet in PGM 3/2001 – 2/2002 (Karte: Alexander Weltatlas)

- Siedlungsgeschichte,
- grenzüberschreitende Kooperation, Raumordnung und Regionalplanung,
- Agrarlandschaft,
- die Rheinkorrektion und die Folgen für den Natur- und Siedlungsraum,
- Vegetationsgeographie,
- der Oberrheingraben als Industriestandort.

Literatur

Alexander Weltatlas, Neue Gesamtausgabe (1982). Stuttgart.

Borsdorf, A. (1999): Geographisch denken und wissenschaftlich arbeiten. Eine Einführung in die Geographie und in Studientechniken. Gotha und Stuttgart.

Sebastian Lentz, Universität Mannheim

Die kleinen arabischen Golfländer – ökonomisches Wachstum kontra Abhängigkeit?

Günter Barthel

2 Figuren im Text

The small Arab Gulf countries – Economic growth contra dependence?
Abstract: High economic ratios of increase led to considerable changes in the economic and social life of the investigated Arab Gulf countries in the last fifty years. Main sources of this process were the rise of oil production and the influx of the petrodollar. Positive results can be seen from the strongly expanded investment activities in many branches of the economy. Nature and mode of a rentier economy find their continuous expression, and these are notably helping the ruling families to consolidate their power. Regardless of all the changes the Arab Gulf countries stick to their monoeconomic specialization, endangering the ecological balance as a result of the lack of environmental consciousness and continuing to stay in dependence on the assignment of foreign workers. Typical shortcomings counterbalancing the economic independence result from the specific characteristics of the entrepreneurship in the Gulf area.
Keywords: Economic growth, economic independence, mineral oil and natural gas, ruling families, entrepreneurship, foreign workers, environmental consciousness

Zusammenfassung: Hohe wirtschaftliche Zuwachsraten führten in den letzten fünfzig Jahren in den untersuchten arabischen Golfländern zu einem bemerkenswerten Wandel im ökonomischen und sozialen Leben. Hauptquellen dieses Prozesses waren die gestiegene Erdölförderung und die angewachsenen Petrodollareinnahmen. Die positiven Resultate sind in einer stark expandierenden Investitionstätigkeit in vielen Bereichen der Wirtschaft nachzuvollziehen. Doch prägen sich Eigenschaften und Formen einer Rentierökonomie aus, die insbesondere den herrschenden Familien zur Konsolidierung ihrer Macht verhelfen. Unabhängig von allen Veränderungen verharren die Länder jedoch weitgehend in ihrer monowirtschaftlichen Spezialisierung. Sie gefährden infolge des nur gering ausgeprägten Umweltbewusstseins das ökologische Gleichgewicht und bleiben in hohem Maße vom Einsatz ausländischer Arbeitskräfte abhängig. Weitere Hemmnisse ergeben sich aus den spezifischen Charakteristika des Unternehmertums am Golf.
Schlüsselwörter: Ökonomisches Wachstum, ökonomische Unabhängigkeit, Erdöl, Erdgas, herrschende Familien, Unternehmertum, ausländische Arbeitskräfte, ökologisches Bewusstsein

1. Stürmischer Aufschwung und anhaltende Prosperität

Voller Stolz präsentieren die offiziellen Vertreter der arabischen Anrainerstaaten am Golf ihren Besuchern eine faszinierende Erfolgsstory. Und sie kann sich wahrlich sehen lassen. Im Verlauf nur eines Menschenlebens haben sich im wirtschaftlichen und sozialen Bereich Veränderungen vollzogen, die für andere Regionen der Entwicklungsländer weitab jeden Nachvollzugs liegen.

Die seit Beginn der Erdölförderung in Bahrain (1934), Kuwait (1946), Katar (1949), Abu Dhabi/VAE (1962) und Oman (1967) zu registrierenden Wandlungen in den Eigentumsverhältnissen, in der Struktur der Volkswirtschaften, im ökonomischen Potential und in den Lebensgewohnheiten des größten Teils der Bevölkerung gehen auf zwei miteinander verzahnte Faktoren zurück. Sie sind einerseits im Vorhandensein von ausgedehnten Lagerstätten an Kohlenwasserstoffen unter den Wüsten dieser Länder und andererseits im gewaltigen Energiehunger vor allem der industrialisierten Welt zu suchen (Zahlan 1978, S. 190; Khouja & Sadler 1979, S. 261). Global gesehen, ist die Bedeutung dieser fünf territorial kleinen und bevölkerungsarmen Staaten beim Erdöl mit einem Anteil von 19,9 % (27,456 Mrd. t) an den Weltreserven und von 8,4 % (289,7 Mio. t) an der Weltförderung im Jahre 1999 überproportional (Fig.1; vgl. auch S. 6–11 in diesem Heft). Mit der Erhöhung der Fördermenge, der Wiederherstellung der nationalen Verfügungsgewalt über den wichtigsten Bodenschatz und den Preissteigerungen für das exportierte Rohöl stiegen die Einnahmen an „Petrodollar" so an, dass sich der Rahmen der jeweiligen Volkswirtschaft als zu eng erwies, um die eingehenden monetären Mittel zu absorbieren. Soweit die einfließenden Ölrevenuen nicht im Konsum der herrschenden Familien versickerten, dienten sie bedeutsamen Investitionen in der Infrastruktur (Bau von Straßen, Häfen und Flugplätzen), im

Persischer / Arabischer Golf

Land	Erdölförderung [Mio. t] im Jahre						
	1940	1950	1960	1970	1980	1990	1999
Bahrain	0,9	1,5	2,2	3,8	2,4	2,1	2,0
Katar	–	1,7	8,7	17,2	22,8	20,6	35,5
Kuwait	–	17,1	81,1	150,7	81,4	62,1	97,3
Neutrale Zone[1]	–	–	6,8	24,0	26,9	–	–
Oman	–	–	–	17,2	14,0	34,4	44,7
VAE	–	–	–	37,6	82,6	104,9	109,6

[1] auf Kuwait und Saudi-Arabien aufgeteilt

Fig. 1 Erdölförderung zwischen 1940 und 2000
(Quellen: BARTHEL & STOCK 1994, S. 181; Oeldorado 2000, S. 3)
Oil production between 1940 and 2000
(Sources: BARTHEL & STOCK 1994, p. 181; Oeldorado 2000, p. 3)

Land	Export/Import [Mio. US-$] im Jahre					
	1950	1960	1970	1980	1990	2000[1]
Bahrain						
Export	110	190	274	3598	3758	5315
Import	100	180	247	3484	3711	4279
Saldo	10	10	27	114	47	1036
Katar						
Export	21	126	236	5711	2600	8500
Import	10	32	64	1447	1300	4000
Saldo	11	94	172	4264	1300	4500
Kuwait						
Export	195	1000	1901	19854	8300	19000
Import	80	242	625	6531	4800	7700
Saldo	115	758	1276	13323	3500	11300
Oman						
Export	2	2	206	3748	5215	8951
Import	8	20	18	1732	2681	5165
Saldo	–6	–18	188	2016	2534	3786
VAE						
Export	3	2	550	20678	20000	44000
Import	72	160	267	8752	12250	35000
Saldo	–69	–158	283	11926	7750	9000

[1] offizielle Schätzungen

Fig. 2 Außenhandelsbilanzen der arabischen Golfländer
(Quellen: World Development Report [verschiedene Jahrgänge]; FAZ-Institut für Management-, Markt- und Medieninformation GmbH 2000, S. 80, 171, 200, 212 u. 225)
Foreign trade balances of the Arab Gulf countries
(Sources: World Development Report [various years]; FAZ-Institut für Management-, Markt- und Medieninformation GmbH 2000, p. 80, 171, 200, 212 u. 225)

Bildungs- und Gesundheitswesen, in den Folgestufen der Rohölförderung (Raffinerien, petrolchemische Komplexe; siehe S. 70–77 in diesem Heft), in einigen wenigen schwerindustriellen Unternehmen, in Montagebetrieben für Kraftfahrzeuge, in der Baustoffindustrie usw. In wachsendem Maße wurde daneben Kapital im Ausland angelegt, insbesondere in Form von Depositen bei großen US-amerikanischen, japanischen und westeuropäischen Banken, durch Aktienerwerb renommierter Konzerne der westlichen Welt, den Kauf von Immobilien rund um den Globus und die Ausreichung von Krediten sowohl an frühere Kolonialmächte als auch an die ärmeren, insbesondere islamischen Staaten der Dritten Welt.

Auch wenn das stürmische ökonomische Wachstum der in Figur 1 aufgeführten Länder wiederholt Einbrüche durch das Auf und Ab des Ölpreises, durch die militärische Invasion Iraks in das Nachbarland Kuwait und durch politische und religiöse Unwägbarkeiten hinnehmen musste, bleibt unter dem Strich doch eine Entwicklung zu verzeichnen, die auch im universellen Maßstab als ungewöhnlich eingestuft werden muss. Von dieser Dynamik legen viele Kennziffern Zeugnis ab, am deutlichsten mit den Zahlen des Bruttoinlandprodukts (BIP) und des Pro-Kopf-Einkommens. Wenn z. B. Saudi-Arabien 1999 mit einem BIP von 139,19 Mrd. US-$ und die Vereinigten Arabischen Emirate mit einem BSP pro Kopf in Höhe von 17360 US-$ in der Rangfolge aller Staaten einen der Spitzenplätze im Weltmaßstab für sich markieren können, dann sprechen solche Zahlen Bände (KOSZINOWSKI & MATTES 2000, S. 70 u. 138). Sie veranschaulichen, dass die Golfländer den Circulus vitiosus von Rückständigkeit, Stagnation und Armut durchbrochen, der Entfaltung moderner Produktivkräfte eine Bresche geschlagen und ein dynamisches, von hohen Zuwachsraten begleitetes wirtschaftliches Wachstum erreicht haben. Dass hierfür in hohem Maße externe Antriebskräfte verantwortlich zeichnen und sich beispielsweise die Industrialisierung in einem von außen vorgegebenen Fahrwasser bewegt, schränkt die Ausstrahlung der Ziffern zunächst nicht ein. Für die Zwecke diese Beitrages erweisen sich hauptsächlich die Außenhandelsbilanzen von besonderer Aussagekraft, weil sie gleichermaßen die sprunghafte Erhöhung der Kaufkraft dieser Länder demonstrieren wie auch deren veränderte Einbindung in die Weltwirtschaft belegen.

Die sich in Figur 2 widerspiegelnden Auf- und Abwärtsbewegungen offenbaren resümierend nicht nur das über Jahrzehnte zu beobachtende Anschwellen des Reichtums, sondern lassen auch jene Einschnitte erahnen, die aus den z. T. gravierenden Einnahmerückgängen resultierten. Dass letztere nicht zu tief greiferenderen Einbrüchen führten, hängt mit Besonderheiten in der Einkommensstruktur dieser Länder zusammen, die sich erst in den letzten drei Dezennien herausbildeten und für Entwicklungsländer im Allgemeinen untypisch sind. Gemeint sind nicht etwa die Einkünfte aus dem erst später angelaufenen Erdgasgeschäft oder die Einnahmen aus der Edition und dem weltweiten Verkauf von Briefmarken seitens Adjmans und Umm al-Keiweins (bis 1971), sondern die seit Jahren immer reichlicher sprudelnden Dividenden, Amortisationen und Zinsen aus den getätigten Auslandsanlagen, die für die Zahlungsbilanzen zu einem außerordentlich wichtigen Faktor aufrückten und für einzelne Länder in bestimmten Jahren die Einkommen aus dem Erdölgeschäft erreichten oder sogar noch übertrafen. Diese Entwicklung brachte und bringt es mit sich, dass der Anteil des „arbeitsfreien Einkommens" am Gesamteinkommen eine schrittweise Vergrößerung erfuhr sowie weiterhin erfährt und die Volkswirtschaften unaufhaltsam Eigenschaften und Formen einer „Rentierökonomie" angenommen haben und zukünftig ausbauen werden. Ein nicht zu übersehender Nebeneffekt dieses Prozesses ist, dass diese Länder in der Lage sind, finanzielle Dürrezeiten, Verluste oder Totalzerstörungen – wie im Falle Kuwaits im Resultat des irakischen Einmarsches – aufzufangen, auszugleichen bzw. ohne Kollaps zu überstehen.

Das heißt, Sprünge in der Höhe der Erdöleinnahmen, die z. B. im Falle Kuwaits von 8 Mrd. US-$ im Jahre 1998 über 11 Mrd. US-$ (1999) auf 19 Mrd. US-$ im Jahre 2000 stiegen, lassen nicht a priori einen Rückschluss auf eine katastrophale oder berauschende Finanzlage zu. Andere Faktoren gebieten ebenso Aufmerksamkeit (OPEC-Staaten: ..., S. 18). Wie relativ all diese Zahlen sind, mag auch durch einen historischen Vergleich demonstriert werden. Im Dezennium 1960 bis 1969 vereinnahmte Kuwait 6,341 Mrd. US-$ und im Jahrzehnt zwischen 1970 und 1979 61,802 Mrd. US-$ aus dem Verkauf des „schwarzen Goldes" (ELSENHANS 1974, S. 331; OPEC Annual Statistical Bulletin 1978 [1979], S. 162–166). Würde man sich der Mühe unterziehen, die seit dem Beginn der Erdölförderung realisierten Gewinne aus dem Ölgeschäft zu summieren und diesen Betrag der Summe gegenüberstellen, die sinnvoll lokal und international investiert wurde oder für zukünftige Generationen nutzbar ist, ergäbe dies ein trauriges Fazit. Aus diesem Grund empfiehlt es sich, erst eine abwägende Gesamtbilanz zu ziehen.

Träger und zugleich Hauptnutznießer des Prozesses der Herausbildung neuer Produktionsstrukturen im Inneren der Länder waren und sind die Familienclans der herrschenden Monarchien: die Sippe al-Djabir der Al Sabah-Dynastie in Kuwait sowie die Clans der Al Nahayan in Abu Dhabi, der Al Thani in Katar, der al-Maktum in Dubai, der Familie Turki ibn Sai'd ibn Sultan in Oman und der Al Khalifa in Bahrain. Die Emire und der Sultan regieren mehr oder weniger absolutistisch, kontrollieren die Ressourcen ihrer Länder fast eigenmächtig und haben gemeinsam mit ihren Angehörigen gewaltige Vermögen in Gold, Devisen, Wertpapieren und anderen persönlichen Eigentumstiteln thesauriert bzw. bedeutende Beträge bei multinationalen Banken deponiert. Viele ihrer unmittelbaren Verwandten, insbesondere ihre Brüder, Söhne und Enkel fungieren als entscheidende Kapitalgeber für Banken, Investmentgesellschaften, Industrie- und Transportunternehmen. Dies rechtfertigt auch zu Beginn des 21. Jh. die Feststellung, dass „die größte ökonomische Einzeleinheit in jedem Golfstaat die herrschende Familie ist" (IZZARD 1979, S. 15). Dies erklärt auch, dass die Ballung riesiger Kapitalbeträge in einer weiterhin überschaubaren Zahl an Großunternehmen in den Golfländern nicht Produkt eines Prozesses von unten war und ist, sondern die von Anfang an gegebene Konzentration und Zentralisation des Kapitals in den Händen weniger auf den dekretierten Willen der monarchischen Familienclans zurückgeht, die bei jeder Gründung die Interessen eines oder mehrerer ihrer Mitglieder zu wahren wussten.

Ihnen ist ein Konkurrent und Partner nahe gerückt, der seine historischen Vorläufer im Kaufmannskapital hat. Viele der Kaufleute sind zwar dem Handel und vor allem dem Importgeschäft treu geblieben, aber in zunehmendem Umfang engagieren sie sich in der Erzeugung von Konsumgütern und Produktionsmitteln. Einigen von ihnen gelang es im Verlauf weniger Jahre, sehr schnell auf dem internationalen Parkett Fuß zu fassen und Beteiligungen in Unternehmen mit Rang und Namen in den westlichen Staaten zu erwerben. Da der aus der traditionellen Kaufmannschaft erwachsende Teil der Großbourgeoisie die staatsrechtlich sanktionierten Vorrechte der einstigen Feudalen stillschweigend oder zähneknirschend in Rechnung zu stellen hat, bemüht er sich mit Erfolg, sich Akkumulationsquellen auch außerhalb der Erdöl-/Erdgaswirtschaft zu erschließen und sich damit der Kontrolle durch das Erdöl-/Erdgas- und Finanzmonopol des Staates, sprich des Herrscherhauses, zu entziehen.

Ungeachtet der unterschiedlichen Wurzeln, des andersartigen Zugangs zu den finanziellen Mitteln und des politisch beschnittenen Wirkungsfeldes einzelner Flügel des Unternehmertums lässt sich konstatieren, dass das Wirtschaftsleben in den Golfländern auch heute noch stark mit feudal-theokratischen und familiär-patriarchalischen Merkmalen behaftet ist (BARTHEL 1992, S. 452 f.). Diese resultieren keineswegs allein aus dem Beharrungsvermögen traditioneller Strukturen und Institutionen oder gar aus dem Widerstand religiös-konservativer Kräfte. Vielmehr werden bestimmte Elemente der Vergangenheit von den Führungskräften bewusst bewahrt und in Einzelfällen auch wieder belebt, um sich von Erscheinungen des Kapitalismus in Westeuropa und in den USA abzugrenzen und um sich – in Auswertung des Beispiels Iran – mit einem rechtzeitig errichteten ideologischen Schutzwall und den Mitteln des Nepotismus gegen befürchtete soziale Eruptionen zur Wehr zu setzen.

2. Ungleichgewichte im Status quo

Bei kritischer Betrachtung der wirtschaftlichen Entwicklung in den kleinen arabischen Golfländern lässt sich kaum übersehen, dass die skizzenhaft beleuchteten Erscheinungen und Veränderungen nicht frei sind von Problemen und im Einzelfall durchaus Fragezeichen berechtigt sind. Damit soll das Erreichte keineswegs negiert werden, doch scheint es angebracht, sich die Proportionen für die Bewertung nicht durch luxuriöse Hotelbauten, überdimensionierte Trockendocks, scheinbar überschäumende Devisenreserven, prosperierende Freihandelszonen usw. verstellen zu lassen. Selbst bei Ausklammerung politischer und ideologischer Maßstäbe schälen sich eine Reihe von Elementen heraus, die zumindest der Beachtung wert sind.

Erstens offenbart sich dem Betrachter sehr schnell, dass die Emirate und das Sultanat Oman auch für einen längeren Zeitraum weiterhin in sehr hohem Maße vom Absatz zweier von der Gunst der Natur hervorgebrachter Bodenschätze abhängig sein werden. Die monowirtschaftliche Spezialisierung – mit all ihren Vorteilen, aber eben auch Nachteilen – konnte nicht aufgebrochen werden. Daran vermag auch die Tatsache nicht zu rütteln, dass der Verarbeitungsgrad für das Rohöl und das Erdgas z. T. schon weit vorangeschritten ist und noch voranschreitet. Der theoretisch zumindest nicht abwegige Gedanke eines totalen Produktionsausfalls bzw. einer Absatzkrise würde für die genannten Staaten einen ökonomischen Stillstand involvieren, der verheerende Wirkungen zeitigen könnte. Die Abhängigkeit vom Außenmarkt geht jedoch noch um ein vieles weiter. Nicht nur jede neue Maschine und jeder neue Computer muss auch nach Jahren des stürmischen Wachstums importiert werden, gravierender ist der Rückstand mit Blick auf die Wartung und die Reparatur sensibler Geräte und Anlagen, für die es nach wie vor kein einheimisches Personal gibt. Ebenso ungünstig gestaltet sich die Lage hinsichtlich zukünftiger Produktionsfelder oder neuer Technik. Ein irgendwie gearteter Forschungsvorlauf für eigene Erzeugnisse, die ihre Entstehung in erster Linie den nationalen Potentialen und den nationalen Bedürfnissen zu verdanken haben, ist nicht in Sicht. Stattdessen fesselt der Sog der Globalisierung die Golfstaaten in ihrer Rolle als Rohstofflieferanten und als Absatzmarkt. Hieran mag auch der eng limitierte Binnenmarkt eine Aktie haben, aber die wesentliche Ursache ist in den Verwerfungen der Weltwirtschaft zugunsten der multinationalen Monopolgruppen zu suchen, die ihren Technologietransfer als Mittel des Machtausbaus handhaben. Auch im Falle der „reichen" Golfländer ist im Beziehungsgeflecht zu ihren Haupthandelspartnern ein Dilemma auszumachen, „das einerseits das Verhältnis von Kooperation und Wettbewerb und andererseits das Verhältnis von Interdependenz und Abhängigkeit betrifft. Dies wird besonders in dem strategischen Verhalten von Akteuren deutlich, die mit technologischem Protektionismus und/oder der Verbreitung von Technologie innerhalb eines Netzwerkes befasst sind" (SUM 1997, S. 204). So gesehen, kann es deshalb auch nicht verwundern, dass die errichteten Industriebetriebe – gleichgültig, in welcher Branche und auf welchem Level – in erster Linie mit der Gewinnung, Herstellung und Verarbeitung von Arbeitsgegenständen (Rohmaterialien) befasst sind, Fabrikationsanlagen zur Produktion von Arbeitsmitteln (Produktionsinstrumente) sind dagegen in den Golfländern kaum oder gar nicht anzutreffen. Mit dieser Sicht soll keinesfalls unverantwortlichen Autarkiebestrebungen oder blinden Industrialisierungsstrategien das Wort geredet werden, vielmehr geht es ausschließlich um die Feststellung, dass der bisherige Weg der ökonomischen Entwicklung einseitige wirtschaftliche Abhängigkeiten im Hinblick auf die materiell-technische Basis nicht zu mindern vermochte.

Zweitens ist in allen Golfländern das Bemühen zu verspüren, die aus der geographischen Lage und aus dem vorgefundenen Klima resultierenden Barrieren für wirtschaftlichen Zuwachs und die Wohlfahrt der Bevölkerung niederzureißen. Dies ist zunächst einmal verständlich und bedarf – bei Beachtung bestimmter Parameter – der Anerkennung. Ob der in den Golfländern dabei beschrittene Weg uneingeschränkte Zustimmung erfahren darf, ist allerdings fraglich. Es verfestigt sich der Eindruck, dass der auch andernorts zu beobachtende Fortschrittswahn das ökologische Gleichgewicht gefährdet und die heute Handelnden zu wenig die Folgen ihres Tuns für die nachrückenden Generationen im Auge haben. Fehlende bzw. nur äußerst niedrige Umweltauflagen haben nicht nur bezüglich der auf den Förderstandorten seit Jahrzehnten brennenden Gasfackeln, sondern z. B. auch im Falle der expandierenden Petrolchemie eine beträchtliche Umweltverschmutzung zur Konsequenz, die sich vor allem in einer früher nicht gekannten Verunreinigung der Atemluft manifestiert. Man mag dagegen einwenden, dass immer weniger (assoziiertes) Begleitgas abgefackelt wird und moderne Technologien der Stoffumwandlungsprozesse den Ausstoß giftiger Bestandteile in der petrolchemischen Industrie permanent verringern, aber unter dem Strich wird – auch unter Einbeziehung des Straßen-, Luft- und Schiffsverkehrs – der unvergleichliche Modernisierungsschub von einer Luftverschmutzung begleitet, die – zumal sie grenzüberschreitender Natur ist – eine Schmälerung der Lebensqualität bedeutet.

Ebenso Besorgnis erregend ist der Umgang mit der kostbaren Ressource Wasser. Dass alle am ökonomischen Aufbau Beteiligten dieses Defizit zu minimieren oder zu überwinden trachten, ist erklärbar und verständlich. Gewaltige Investitionen in den Bau von Meerwasserentsalzungsanlagen und in das Niederbringen von Grundwasserbohrungen bezeugen dieses Bemühen und legten den Grundstein für die Bereitstellung einer ständig wachsenden Menge an Brauchwasser für petrolchemische Industrie und Landwirtschaft sowie an Trinkwasser für die Bevölkerung. Mittlerweile verbrauchen die Einwohner z. B. Kuwaits, Katars, Abu Dhabis und Dubais bedeutend mehr Trinkwasser pro Kopf der Bevölkerung, als aus dem eigenen Territorium zu erschließen wäre, und auch bedeutend mehr als die Bewohner mitteleuropäischer Staaten. Dieser unbestreitbare Erfolg wird sehr teuer erkauft. Die ohnehin bescheidenen Grundwasservorräte wurden arg dezimiert, und die Süßwasserbereitstellung ging – soweit über die Meerwasserentsalzung praktiziert – mit Umweltbelastungen einher. Es bestätigt sich die schmerzliche Erkenntnis von CONRAD (1997, S. 53): „Der Moloch der Moderne stößt also an oder überschreitet die physischen, psychischen und sozialen Grenzen der menschlichen (Welt-)Gesellschaft."

Es scheint, als ob das in den arabischen Golfländern praktizierte industrielle Wachstumsmodell schon vor seiner Vollendung an die ökologischen Grenzen seiner Umsetzbarkeit kommt. Es verstößt gegen die Idee einer nachhaltigen Entwicklung und stellt schon in der Gegenwart die Lebensgrundlagen der Kinder und Enkel der heutigen Generation in Frage.

Drittens fußt die ökonomische Entwicklung in einem solch großen Umfang auf dem Wirken von nichteinheimischen Arbeitskräften und ihrer geistigen und körperlichen Potenz, dass man die Ausländer und nicht die Staatsangehörigen zur entscheidenden subjektiven *Conditio sine qua non* für den Wohlstand dieser Länder qualifizieren kann (Al-Qusaifī 1988, S. 83). Auch wenn mehr als 50 % der Staatsbürger der Länder im arbeitsfähigen Alter sind und rund ein Drittel der Bevölkerung einer Erwerbstätigkeit nachgeht, spielt unter den Lohn- und Gehaltsempfängern das ausländische Element die entscheidende Rolle (Šukri 1979, S. 91 u. 99). Dies gilt nicht nur für die Geburtsstunde der Ölwirtschaft, als ausländische Spezialisten Vorkommen entdeckten und Fördertürme installierten, sondern gilt auch heute, wo der Einsatz fremder Fachleute und Hilfskräfte weiterhin von existentieller Bedeutung für die Errichtung und den Betrieb moderner Fabrikationsanlagen, für den Boom im Bauwesen, für den Aufschwung des Bildungswesens und für die Entfaltung des Dienstleistungssektors ist (SHERBINY 1984, S. 35). Die ausländischen Lohnarbeiter, die vor allem in der produktiven Sphäre und im Bereich schwerer und schmutziger Tätigkeiten sowie als Handlanger und als Reinigungskräfte aktiv sind, sehen sich sozialer Diskriminierung ausgesetzt und können jederzeit ihrer Gastländer verwiesen werden. Seitens der Regierenden, aber vielfach auch von Seiten der autochthonen Bevölkerung wird alles unternommen, um eine Integration der rund 2 Mio. Ausländer in die Gesellschaft zu unterbinden. Die soziale Unterprivilegierung geht mit einem immer stärkeren Gefühl der Exklusivität in den Reihen der einheimischen Arbeitskräfte einher. Der Ausstrahlungskraft der lohnabhängigen Beschäftigten aus anderen arabischen Ländern (insbesondere aus Ägypten, den palästinensischen Gebieten und Sudan) und aus dem asiatischen Raum (vor allem von den Philippinen, aus Indien, Bangladesch, Pakistan und Sri Lanka) auf das gesellschaftliche Leben wurden feste und enge Bandagen angelegt. Die industriellen Ballungsgebiete, Hafenanlagen und Freihandelszonen sind vom urbanen Leben isoliert und die ausländischen Arbeitskräfte *de facto* kaserniert.

Der Strategie der herrschenden Eliten kommt bei ihrem Streben, die Entstehung eines proletarischen Gedankenguts oder gar adäquater Zusammenschlüsse zu verhindern, soziale Spannungen in der einheimischen Bevölkerung gar nicht erst aufkommen zu lassen und das Eindringen unislamischer Ideen abzuwehren, wiederum entgegen, dass fest verwurzelte Denk- und Verhaltensmuster der einheimischen Bevölkerung ein Gefühl der Einmaligkeit sowie der moralischen und sozialen Überlegenheit suggerieren. Ausgehend vom koranischen Kanon, der u. a. Sklaven, Ungläubige und Fremde auf einer unteren Skala der Wertschätzung ansiedelt, wird es als normal und gerecht empfunden, Ausländern alle nichtangesehenen, körperlich schweren und unterbezahlten Arbeiten zu übertragen. Diese Haltung schließt seltsamerweise auch den Gedanken ein, selbst auf den hoch qualifizierten technischen und naturwissenschaftlichen Spezialisten, z. B. für Computertechnologie oder für Seismologie, mit Geringschätzung herabzusehen, weil er lediglich eine Dienstleistung für die traditionell hier siedelnden Menschen vollbringt. Rechte und Privilegien eines Staatsbürgers, die Ausländer gar nicht oder nur nach langer Wartezeit erwerben können, nähren in manchen Fällen Chauvinismen und stehen oft höher im Kurs als solche Tugenden wie disziplinierte Arbeit und Wissenserwerb. Allen Bemühungen der Regierungen dieser Länder, die Abhängigkeit von ausländischen Arbeitskräften im Zuge von Programmen zur Katarisierung, Kuwaitisierung, Omanisierung usw. des Erwerbslebens zu reduzieren, musste bisher aus ebendiesen Gründen ein Erfolg versagt bleiben, denn ein ohnehin vielfach privilegierter Staatsbürger wird sich auch mit zusätzlichen Vergünstigungen kaum von seinen Grundüberzeugungen abbringen lassen und in die Fußstapfen eines bislang Diskriminierten hineintreten wollen.

Dominant ist jedenfalls bis heute eine weit verbreitete Aversion gegen körperliche Arbeit und insbesondere ein starker Sog in die staatliche Administration, der sich hauptsächlich aus der Attraktivität so genannter „white collar jobs" und aus den noch bestehenden Klientelverhältnissen erklären lässt. Einmal im Staatsapparat dienende Personen versuchen zumeist mit Erfolg einen Teil ihrer Verwandten nachzuziehen und Pfründe anzuzapfen. Die ausufernde Zahl an Staatsbeamten und die zunehmend negativeren Seiten der Bürokratie gefährden den notwendigen wirtschaftlichen Konsolidierungskurs der noch jungen Staatswesen und entziehen Anstrengungen zu mehr Effizienz in Wirtschaft und Verwaltung den Boden. Diese Faktoren und die – trotz aller gegenteiligen Beteuerungen – nach wie vor allumfassende Abhängigkeit vom Import menschlicher Arbeitskraft kratzen am Image selbstbewusst auftretender Emire, denen schon aus Gründen des Machterhalts an weiteren Schritten zur Untermauerung der Unabhängigkeit und der Stabilität gelegen sein muss.

Viertens muss bei der Einordnung der sich vollziehenden Prozesse in den Golfländern berücksichtigt werden, dass in ihnen ein privates Unternehmertum agiert, das zwar im Hinblick auf seine Cleverness und den Umfang des realisierten Profits einen Vergleich mit seinem Seniorpartner und Vorbild in Westeuropa nicht zu scheuen braucht, ansonsten jedoch z. T. sogar beträchtliche Unterschiede zu erkennen gibt (As-Sālih 1985, S. 119 ff.). Manche der jungen Industriellen, Bankiers und Dienstleister haben keinen unmittelbaren Anteil am ökonomischen Geschehen in ihren Unternehmen, sie begnügen sich mit dem Einstreichen von Dividenden, Zinsen und Provisionen und lassen Manager in ihrem Sinne agieren. Besonders unproduktive Züge sind Unternehmern eigen, die als Vermittler von ausländischen Arbeitskräften oder als Teilhaber an ausländischen Firmen fungieren. Sie nutzen die ihnen als Staatsbürgern eingeräumten exklusiven Rechte aus, um ohne eigenes wirtschaftliches Engagement im engen Sinne des Wortes zu Reichtum zu gelangen.

Der im Alltag als Bankier, Industrieller oder Dienstleister fungierende Golfbewohner lässt sich im Familienkreis oder an den Wochenenden als solcher nur schwer erkennen, viele Fäden verbinden ihn noch mit seinem sich auflösenden Stamm, einige seiner Verwandten sind noch nomadisierende Viehzüchter und sein Sozialprestige wird nicht so sehr von seinen angehäuften Geldmitteln als vielmehr von seiner Herkunft und seiner Zugehörigkeit zu diesem oder jenem Geschlecht determiniert. Das bewusst wach gehaltene Bekenntnis zu einer bestimmten religiösen Strömung des Islam, zu einer bestimmten ethnischen Gruppierung, zu einem bestimmten Stamm usw. hebt ihn häufig aus dem Kreis seiner Konkurrenten heraus.

Bezogen auf das noch junge Entwicklungsstadium des Kapitalismus (LAWSON 1985, S. 16) in dieser Region, fällt daneben das bedeutsame Gewicht des Leihkapitals ins Auge. Nicht nur in den fünf arabischen Golfstaaten fand viel zeitweilig überschüssiges Kapital den Weg in die Tresore der in- und ausländischen Banken, noch verbreiteter ist die Anlage von Kapital in Westeuropa, Japan und den USA. Kapital aus den Golfländern ist heute überall dort auf der Welt zu finden, wo eine schnelle und hohe Verwertung gesichert ist und wo sich die Hochfinanz ein Stelldichein gibt. Die vorwiegend auf spekulative Gewinne zielenden Ambitionen eines Teils der Bourgeoisie, der in Ausnutzung der spezifischen Gegebenheiten teilweise eine sehr hohe Profitrate und -masse mit nur vergleichsweise geringem Kapitalaufwand realisiert, trugen dazu bei, für seine Vertreter in der arabischsprachigen Literatur den Begriff der „gelatinösen Kapitalisten" aus der Taufe zu heben (Ibrāhīm 1982, S. 27 ff.). Nationale Belange und die Lebenslage ihrer Zeitgenossen in den ärmeren arabischen Staaten sind für sie von sekundärer Natur. Von ihnen einen Beitrag zum nachhaltigen ökonomischen und ökologischen Wachstum zu erwarten, wäre ein Zuviel an Optimismus.

Beim Versuch, eine abschließende Beurteilung der ökonomischen Entwicklung in den angesprochenen Golfländern zu wagen, zeigt sich, dass sich eine pauschalisierende Einordnung in irgendwelche Schubfächer verbietet, zu breit gefächert ist das Spektrum übereinstimmender und gegensätzlicher Elemente. Eine Momentaufnahme bringt überdies zu viel Glitzerndes an den Tag, erst eine Langzeitbetrachtung lässt ungeachtet des dynamischen Wachstums mehr als ein Fragezeichen sichtbar werden.

Literatur

BARTHEL, G. (1992): Transformation and Transition in Kuwait and Saudi Arabia. Proceedings of the XXXII International Congress for Asian and North African Studies, Hamburg, 25th–30th August 1986. = Zeitschrift der Deutschen Morgenländischen Gesellschaft, Supplement **IX**. Stuttgart.

BARTHEL, G., & K. STOCK [Hrsg.] (1994): Lexikon Arabische Welt. Kultur, Lebensweise, Wirtschaft, Politik und Natur im Nahen Osten und Nordafrika. Wiesbaden.

CONRAD, J. (1997): Nachhaltige Entwicklung – ein ökologisch modernisiertes Modell der Moderne. In: BRAND, K.-W. [Hrsg.]: Nachhaltige Entwicklung. Eine Herausforderung an die Soziologie. Opladen. = Reihe Soziologie und Ökologie, Bd. **1**.

ELSENHANS, H. [Hrsg.] (1974): Erdöl für Europa. Hamburg.

FAZ-Institut für Management-, Markt- und Medieninformation GmbH (2000): Investitionsführer Naher Osten. Frankfurt a. M.

Ibrāhīm, S. (1982): An-niẓām al-iğtimāʿī al-ʿarabī al-ğadīd. Dirāsa ʾan al-ātār al-iğtimāʿīya liṯ-tarwa an-nafṭīya. Kairo.

IZZARD, M. (1979): The Gulf – Arabia's Western Approaches. London.

KHOUJA, M. W., & P. G. SADLER (1979): The Economy of Kuwait. Development and Role in International Finance. London/Basinstoke.

KOSZINOWSKI, TH., & H. MATTES [Hrsg.] (2000): Nahost Jahrbuch 1999. Politik, Wirtschaft und Gesellschaft in Nordafrika und dem Nahen und Mittleren Osten. Opladen.

LAWSON, F. (1994): Class and State in Kuwait. Merip Reports, **132** (May). Washington.

Oeldorado 2000. Hamburg.

OPEC Annual Statistical Bulletin 1978 (1979). Wien.

OPEC-Staaten: 70 Prozent mehr Öleinnahmen. Frankfurter Allgemeine Zeitung, Nr. **218** (19. Sept. 2000). Frankfurt a. M.

Al-Qusaifī, Ğ. (1988): Nahw sīyāsa li-tanmīya al-qūwa al-ʿāmila al-muwāṭina fī maǧlis at-taʿāwūn al-ḫalīǧī. Al-mustaqbal al-ʿarabī, (8). Beirut.

As-Sāliḥ, A. R. (1985): At-taṭawwur ar-raʾsmālī al-musawwah li-as-saʿūdiya. Aṭ-Ṭarīq, (6). Beirut.

SHERBINY, N. A. (1984): Expatriate labor in Arab oil-producing countries. Financial Development, Vol. **21** (4). Washington.

Šukri, N. (1979): Intiqāl al-aidī al-ʿāmila fī al-waṭan al-ʿarabī. Tanāmī al-iʿtimād al-mutabādal fī qiṭāʿ al-bināʾ. An-nafṭ waʾt-taʿāwun al-ʿarabī, Vol. **5** (1). Washington.

SUM, N.-L. (1997): Ostasiatischer „Exportismus" und global-regional-lokale Dynamiken. Von der Regulation zur (Geo-)Governance von Zeit und Raum. In: BECKER, ST., SABLOWSKI, TH., & W. SCHUMM [Hrsg.]: Jenseits der Nationalökonomie? Weltwirtschaft und Nationalstaat zwischen Globalisierung und Regionalisierung. Berlin-Hamburg. = Argument-Sonderband, Neue Folge AS **249**.

World Development Report (verschiedene Jahrgänge). Washington.

ZAHLAN, R. S. (1979): The Origins of the United Arab Emirates. London/Basinstoke.

Manuskriptannahme: 20. Dezember 2000

Prof. Dr. GÜNTER BARTHEL, Zwickauer Straße 138/012, 04279 Leipzig
E-Mail: guenter.Barthel@usa.net

PGM Statistik

Naturressourcen der Golfanrainer

Die Natur hat den Menschen am Golf zwar einen schwierigen Lebensraum geschaffen, sie jedoch auch mit großen Naturschätzen ausgestattet. Nur im Iran und im Irak kommt nach Figur 1 der Anteil der landwirtschaftlichen Nutzflächen an den Weltdurchschnitt heran, aber diese Ackerflächen liegen in den Hochländern bzw. an den Flanken der Gebirge. Rund um den Golf selbst sind überwiegend Wüsten, sieht man ab von den Bewässerungsflächen und Dattelgärten am Shatt al-Arab (Irak) und den Küstenstandorten, wo der hydrostatische Druck Süßwasser an die Oberfläche bringt (Qatif, Al Hassa, Bahrain). Nach Figur 2 ist der die Nutzungsmöglichkeiten steuernde Faktor das Wasserangebot, das wiederum nur in den Regen fangenden Gebirgen und ihren Vorländern, d. h. im Iran und teilweise Irak (zusätzlich Fremdlingsflüsse Euphrat und Tigris) ausreichend ist. In den arabischen GCC-Staaten wird heute viermal so viel Wasser verbraucht wie natürlich nachfließt. Hauptnutzer ist weiterhin die Landwirtschaft mit 91 %, die privaten Haushalte verhalten sich nicht wesentlich anders als in Europa und der Weltdurchschnitt.

Figur 3 fasst die bei GABRIEL und SCHLIEPHAKE (S. 6–11 bzw. 70–77 in diesem Heft) ausführlich erläuterten Energiedaten zusammen. Die Golf-

Staat	Einwohner [Mio.]	Landwirtschaftliche Nutzfläche			Anteil bewässerter Flächen an der landwirtschaftlichen Nutzfläche [%]
		[km^2]	Anteil an Staatsfläche [%]	pro Einwohner [m^2]	
Bahrain	0,7	30	4,0	43	100
Irak	24,0	52000	12,0	2167	68
Iran	65,0	168370	10,4	2590	45
Kuwait	2,0	60	0,3	30	100
Oman	2,0	160	0,1	80	98
Katar	0,7	140	1,3	200	93
Saudi-Arabien	22,0	37000	1,7	1682	44
VAE	3,0	400	0,5	133	99
Insgesamt	*119,4*	*258160*	*5,7*	*2162*	*50*
Erde	6131,0	14000000	11,0	2400	18

Fig. 1 Die natürliche Ressource Boden im Jahre 2000 (Quellen: FAO Database 2000, Weltbank 1998, 1999)

Fig. 2 Die natürliche Ressource Wasser im Jahre 2000 (zusammengestellt nach World Resources 1998/1999, gemäß Bevölkerungswachstum berechnet für das Jahr 2000)

Staat	Einwohner [Mio.]	Wasserangebot		erneuerbar pro Einwohner[2] [m^3/a]	Wasserverbrauch			in Haushalten pro Einwohner [l/d]
		verfügbar, erneuerbar[1] [km^3/a]	aus Meerwasserentsalzung [km^3/a]		Anteil am Angebot [%]	pro Einwohner [l/d]	Anteil für Landwirtschaft [%]	
Irak	24	75,4	–	3142	57	4886	92	147
Iran	65	81,6	0,03	1226	85	2952	92	177
Kuwait	2	0,02	0,20	1100	245	740	60	274
Oman	2	1,0	0,03	515	118	1671	94	84
Saudi-Arabien	22	2,4	0,70	141	548	2120	90	191
VAE	3	0,15	0,40	183	384	2890	92	202
Insgesamt	*118*	*161,0*	*1,40*	*1372*	*79*	*3129*	*92*	*174*
Erde	6131	41022	–	6918	8	1767	69	141

[1] einschließlich Saldo aus Zu- und Abfuhr der Flüsse
[2] einschließlich Entsalzung und Saldo aus Zu- und Abfuhr der Flüsse

Statistik

Staat	Erdöl Produktion [Mio. t][1]	Reserven [Mio. t][1]	hypothetische Lebensdauer [Jahre]	Erdgas Produktion [Mrd. m³]	Reserven [Mrd. m³]	hypothetische Lebensdauer [Jahre]	Anteil an sicheren Weltenergiereserven[2] [%]
Bahrain[3]	5	22	5	11	118	11	0,01
Irak[4]	104[5]	15 203	146	4[5]	3 340	ca. 800	2,80
Iran[4]	177	12 122	69	80	23 000	288	4,80
Kuwait[3;6]	102	13 040	128	11	1 492	132	2,20
Oman[3]	44	714	16	5	805	177	0,16
Katar[3]	33	500	16	27	8 500	315	1,40
Saudi-Arabien[3;6]	411	35 338	86	82	5 800	71	6,30
VAE[3]	112	13 216	118	56	6 000	106	2,90
Insgesamt	988	90 155	91	276	48 814	177	20,60
Erde	3 270	139 821	43	1 502	145 683	97[6]	965,5 Mrd. t[7]

[1] Umrechnung: 7,4 Fass = 1 t
[2] ohne Uran, erneuerbare und nichtkonventionelle Reserven
[3] Mitglied des Golf-Kooperationsrates (GCC)
[4] zum Teil Schätzungen
[5] Förderkapazität liegt bei mindestens 150 Mio. t/a bzw. 15 Mrd. m³/a
[6] einschließlich je 50 % der ehemaligen Neutralen Zone
[7] SKE

Umrechnungsfaktoren:
1 t Erdöl = 1,5 t Steinkohleneinheiten (SKE)
1 Mrd. m³ Erdgas = 0,6 Mio. t SKE
1 Kubikfuß = 0,028317 m³

Fig. 3 Die Position der Golfanrainer in der Weltenergiewirtschaft der Jahre 1998/1999 (zusammengestellt und berechnet nach Arab Oil and Gas Directory 1999, BGR 1998)

region beherbergt annähernd 21 % der Vorräte aller fossilen Energieträger (ohne Uran) mit Spitzenwerten für Saudi-Arabien (6,3 %), Iran (4,8 %) und Irak (2,8 %). Umgerechnet in Steinkohleneinheiten besteht der Energieschatz am Golf mit 220 Mrd. t SKE zu 82 % aus Erdöl und zu 18 % aus Erdgas. Die festen Kohlenwasserstoffe spielen – im Gegensatz zum Weltdurchschnitt, wo sie 69 % ausmachen – keine Rolle.

Wie Figur 4 deutlicht macht, wird beidseits des Golfs Erdgas als wichtigste lokale Energiequelle und Rohstoff eingesetzt. Das noch bis Ende der 1970er Jahre abgefackelte Gas wird heute zu 47 % in der Industrie (Petrochemie, Metallverhüttung), Elektrizitätserzeugung und Meerwasserentsalzung verwendet. Kuwait, Katar und Saudi-Arabien exportieren durch Kühlung (–164 °C) verflüssigtes Erdgas nach Ostasien. Durchschnittlich 20 % injizieren die Gesellschaften in ihre Erdöllager, um den Förderdruck zu erhöhen. Die relativ hohen Anteile des nutzlos abgefackelten Gases im Iran und im Irak resultieren aus embargobedingtem Mangel an Neuinvestitionen. In Saudi-Arabien blieb der Ausbau der Gassammelanlagen hinter der Zunahme der Förderung zurück.

Literatur

Arab Oil and Gas Directory (jährl.). Paris.
BGR [Bundesanstalt für Geowissenschaften und Rohstoffe] (1998): Reserven, Ressourcen und Verfügbarkeit von Energierohstoffen. Berlin.
FAO Database 2000. Rom.
http://www.oecd.org/ [Weltenergieperspektiven]
http://www.imf.org/ [Arbeitspapiere zu Erdölförderländern]
http://www.arab-oil-gas.com/indexns.htm [Arab Oil and Gas, Arab Oil and Gas Directory].
http://www.bgr.de/aktthema/enerstud/ [Studie zu Weltenergiereserven und -ressourcen]
Weltbank (jährlich): Weltentwicklungsbericht. Washington.
World Resources 1998/1999. Washington.

Fig. 4 Produktion und Verwendung von Erdgas im Jahre 1998 (zusammengestellt und teilweise geschätzt nach Arab Oil and Gas Directory 1999)

Staat	Erdgasproduktion [Mrd. m³]	Erdgasverwendung [%] lokale Nutzung	Export	Reinjektion[1]	Abfackelung, Schwund
Bahrain	11	76	0	24	0
Irak	4[2]	60	0[2]	20	20
Iran[3]	80	45	5	32	18
Kuwait[4]	11	35	40	–	15
Oman	5	36	16	40	8
Katar	27	44	30	15	11
Saudi-Arabien[4]	82	37	19	9	35[5]
VAE	56	61	12	21	6
Insgesamt	276	47	14	20	19

[1] zur Druckerhöhung in den Erdöllagerstätten
[2] Produktionskapazität: 15 Mrd. m³/a; Exportkapazität: 4 Mrd. m³/a
[3] teilweise Schätzung
[4] einschließlich je 50 % der ehemaligen Neutralen Zone
[5] Ausbau des Gassammelsystems erst 2001 abgeschlossen
Umrechnung: 132 m³ Erdgas = 1 Fass Erdöl

KONRAD SCHLIEPHAKE,
Universität Würzburg

Development of the Functional Structure of Cities in Small Gulf Countries – a Cartographic Case Study of Kuwait

Mohamed Aziz

with 11 Figures

Entwicklung der funktionalen Struktur von Städten in kleinen Golfländern – kartographische Fallstudie Kuwait
Zusammenfassung: Die aktuelle Entwicklung der Städte auf der arabischen Seite des Golfs ist im Allgemeinen indirektes Ergebnis der Erdölförderung seit den 1930er Jahren. Vorher führten sie ein bescheidenes Leben, charakterisiert durch die traditionellen Berufe, insbesondere in Fischfang und Handel (Perlen) an den Küsten. Die Erdölexploration hat eine unmittelbare urbane und kulturelle Revolution herbeigeführt, die die funktionale Struktur der Golfstädte an der Küste oder im Binnenland charakteristisch prägte. Kuwait wird als typisches Modell dieser Entwicklung vorgestellt. Trotz seines kleinen Gebiets spielt die Stadt Kuwait historisch eine große Rolle seit ihrer Gründung im 17. Jh. und hat andere vergleichbare Städte überflügelt. Unsere Karteninterpretation will die Entwicklungsmerkmale, die funktionale Struktur der Stadt Kuwait und ihre Wandlung von einer von Fischfang und (Perlen-)Handel geprägten Küstensiedlung zu einer modernen Verwaltungs- und Dienstleistungsstadt analysieren und die charakteristische funktionale Struktur kartographisch herausarbeiten.
Schlüsselwörter: Stadt Kuwait, kleine arabische Golfstaaten, Stadtentwicklung, städtische Funktionen, historische Stadtstruktur, moderne Stadtstruktur, Urbanisierungsprozesse, Stadtkartographie

Abstract: The current development of the Gulf cities is generally considered to be the result of oil discovery. Before, urban settlements used to lead a humble life in accordance with the prevalent professions, notably fishing and trade at the coastal communities. Oil discovery since the 1930s has triggered an urban and cultural revolution which in turn caused a typical development of the functional structures of Gulf cities, whether coastal or non-coastal. Kuwait is presented here as a typical model for this development. Despite its small area the town has played a major commercial role through the times since its establishment in the 17th century. The present research analyses various cartographic features in the development of the functional structure of Kuwait and its transformation from a tiny coastal town of fishing and pearl trade to a modern city of commerce, revealing its distinctive functional texture.
Keywords: Kuwait City, Arabian Gulf countries, city development, city structure, traditional Arab city, urban sprawl, urban cartography

1. Introduction

Geographers agree on the fact that there is no regular pattern in spatial urban development. Each city has its own spatial, historical and economic conditions, which may determine the features of its functional structure. For example, coastal cities are mostly dominated by commercial activities notably in the areas located at the shore, whereas inland cities are dominated by residential, industrial or administrative functions according to the purposes, reasons and conditions of their establishment.

When we study the features of the development of the functional structure of cities, it is necessary to determine the reasons for the foundation of the city. From this starting point a development pattern may be constructed which reflects the spatial, qualitative and quantitative pattern in the different historical stages and contains the functional essence of the city. In the case of Kuwait, there is no definitive agreement regarding the exact date of the foundation of the city (Ibrahim 1982, p. 77). However, all estimates point to a date in the the middle of the 17th century (Al-Rashid 1971, p. 32). It seems that at this date the fortification of the settlement known as "Al Koot" started, from which the name of Kuwait (the small fort) was derived (Hussein 1960, p. 19). It is certain that "Al Koot" or the fortification was built by prince Barak Bin 'Urier, the first of the Bani Khaled rulers. He ruled 1669–1682, before the arrival of the "Al Al-Sabah" in the area. Bani Khaled princes ruled until 1752 when 'Urier, the last prince of the Bani Khaled, ceded Al-Koot to Sabah Bin Jaber Al-'Utaibi. Since then the Al Al-Sabah family has ruled Kuwait up to the present day.

If we take Al Koot as the foundation stone of Kuwait City, it is necessary to show its position and the reasons for its establishment. It is from there that the development of the functional tissue of the city started. The fort was constructed atop a rectangular hill along the coast as a shelter for storing food and arms. In addition, it

Persischer / Arabischer Golf

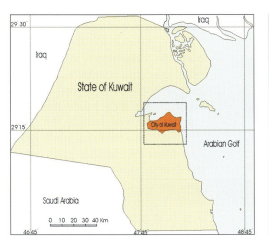
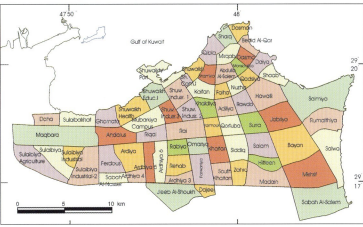

Fig. 1 Location map of Kuwait City
Lage der Stadt Kuwait

was a point for receiving and transferring Iranian Muslim pilgrims to the sacred home of Allah in Mekka. Urbanization in Kuwait began around the fort building with a first mosque, the first house and the first market, extending to the south (AL-HATEM 1960, IBARAHIM 1982, p. 78). Thus the first nucleus of Kuwait began to form, like its counterparts of the other Arab Gulf cities. It depended on the existence of a fort to protect it, and it secured the daily means of life in providing the three elements for the nucleus of the Islamic Arab City: the mosque, the market and the fortification. The present study uses Geographical Information Systems (GIS) to show the different spatial relations within the development of the urban functional tissue in the past and in the present.

1.1. Methodology

The study makes use of the inductive method in analysing historical maps of Kuwait City. In addition, it dwells on geographical and historical sources related in particular to the geography of Kuwait and to the geography of Gulf cities in general, utilizing various information sources, primarily maps, within the framework of GIS (cf. AZIZ 1995). It relies on the method of spatial analysis to show the different elements which contributed to the development of the functional composition of Kuwait City.

1.2. Previous Studies

Kuwait is one of the Gulf cities which has seen numerous and varied studies covering historical aspects of the establishment of the city as well as its political and social history (cf. also RIAD 1985). However, the geographical aspects of Kuwait did not enjoy the same interest except for some publications related to the population, such as those by JABER (1967), AL-SABAH (1972), AL-SHARNOUBY (1972) and AL-ABDULRAZAK (1974). AL-FARRAH (1973) presented an economic analysis. IBRAHIM'S study (1982) is counted among the most important geographical studies treating Kuwait from the point of view of urban geography. ABU AYYASH (1981) presented regional planning in Kuwait and concentrated on a comparative study of the land-use plans that steered the development of Kuwait. Foreign studies of Kuwait often cover cultural issues. ABU AYYASH'S earlier study (1973) started this tradition and presented an analytical approach to the internal structure and changes of the city. ELFRENSH & HILL (1971) linked urbanization and medical ecology. SHIBER (1973) analysed the urban culture in terms of patterns and trends, whereas HILL (1969) dealt with general aspects of urban development in Kuwait. A review of publications on the geography of Kuwait City shows a lack of recent studies after 1991 (cf. also SCHWEDLER 1999). This may be due to the political and economical crisis Kuwait faced because of the cruel Iraqi invasion on August 2nd, 1990. This disaster directed geographical studies toward determining the volume and effects of the invasion of Kuwait, especially the environmental, economical, social and population aspects, without covering the changes in the functional structure of Kuwait. There are two reasons for the importance of new studies. First, there seems to be a lack of geographical studies covering the functional structure of Kuwait and its urban development since ABU AYYASH'S study (1973) and the chapter in IBRAHIM'S book (1982), respectively. Secondly, the technology of GIS has to be introduced into this type of studies, as in the present case.

1.3. Developmental stages of Kuwait

According to IBRAHIM (1982), three development stages can be distinguished. The first lasted from the early establishment since the middle of the 17th century until 1920 when the third wall of the city was built. The building of three walls in different periods characterizes the first stage. These are related to the urban development of the city and to historical events which threatened its

© 2001 Justus Perthes Verlag Gotha GmbH

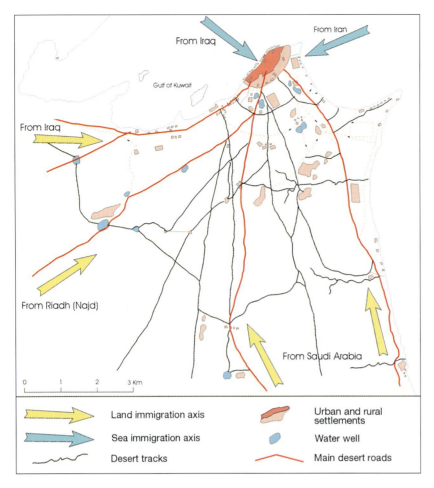

Fig. 2 Old emirate of Kuwait 1930 and immigration axis to Kuwait
Das alte Emirat von Kuwait im Jahre 1930 und die Zuwanderungsachsen nach Kuwait

portant features of the second stage, then, lie in the distinction of the city from the fishermen's villages that dominated the coastal area of the Gulf, urbanization being restricted to most of the area inside the wall. Uses of land were several, the most important one being trade markets. The most remarkable ones were the Bedouin markets in the central area known today as "Safa courtyard". In this period a small airport was built outside the wall (DICKSON 1971, pp. 34). The population of the city was estimated to be approximately 30,000 in 1930 (FREEZE & WINSTONE 1971, p. 16).

The third stage follows the discovery of oil and extends from 1950 to the present. This is the period of the modern development of the city, benefiting from oil capital for developing the city's urban features. Following the destruction of the city walls it grew beyond its old precincts. The principle of land-use planning in developing the interior structure of the city was applied in this period, leading to the development of a modern city. Urbanization now extends far beyond the former wall to host the enormous growth of local and immigrant population.

stability and were the reason for its protection. The first wall was built in 1798, the second one in 1847, and the third one in 1920. The map of Figure 4 shows its position. The second stage was before the discorvery of oil and its effect on the economic and urban tissue of the city. It lasted from 1920–1950, when the role and function of the city was essentially commercial. The most im-

2. The structural evolution of Kuwait City before the 1950s

From the previous paragraphs we learn that Kuwait has passed through three historical development stages. However, the interior functional structure of the city did not change much from the first to the second stage, as oil revenues only had their influence in the third one. Therefore, we can distinguish between two main stages of change in the functional structure of Kuwait City. The first one is before, and the second one after the 1950s.

By analysing the maps of Figures 3 and 4 it appears that the city is architecturally associated with the pattern of the south shore of the Gulf of Kuwait. This reflects the close relationship between the population and the sea. If the fortification, or Al-Koot, first served as the nucleus of urbanization, as shown in Figure 4,

Fig. 3 Urban growth of Kuwait City
Stadtausdehnung in Kuwait

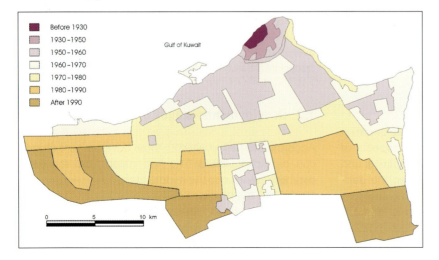

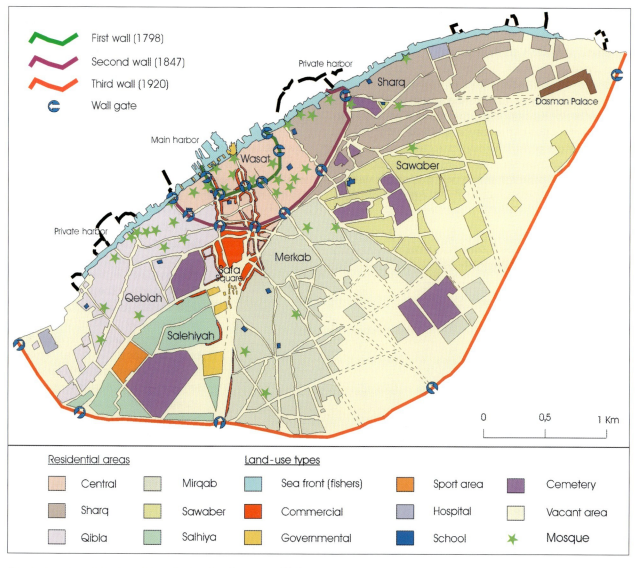

Fig. 4 Functional structure of the old Kuwait City (before 1950)
Funktionale Struktur des alten Kuwait (vor 1950)

the mosque later gained this role. There is thus a similarity between Kuwait and European medieval cities, with the mosque occupying a central position similar to the church. The maps of Figures 2, 3 and 4 present the urban development and the changes in the pattern of the city's functional structure as follows:

- The urban space was attached to the coastal area without the existence of explicit land-use planning in the centuries preceding the 20th century.
- The emergence of the original commercial nucleus was in relation to the main port. An additional nucleus in the southern part of the emerging town originated from the growing function of trade betweeen the population of Kuwait and the Bedouins from the Najd (center of Arabian Peninsula) and other areas (cf. Fig. 2).
- At the beginning of the 20th century, the road linking the two trade nuclei played an important role in the establishment of a commercial axis which later, especially after 1920, contributed to the formation of a main commercial area in Kuwait. This connected with the trade along three external axes: the Iran axis to the east, Iraq the Basra axis to the north, Najd and the desert Bedouin axis (continuing to Mekka and Medina) to the south and west (cf. Fig. 2).
- The spread of covered markets inside the commercial area contributed to the establishment of the first specialized markets. Until the 1950s they concentrated on three types of goods: food, clothes and household tools, supplemented by other goods such as weapons, carpentry material, gold, pearls and other jewelry.
- Typical for the Arab desert cities are the narrow streets with many dead ends. Such patterns give privacy and protection for the families as well as protection from the scorching sun and also save precious space within the walled city (IBRAHIM 1982, p. 221; cf. Fig. 4).
- According to historical sources the structure of different residential areas depended on the social groups of the population, as the houses of the

wealthy concentrated near the commercial area and the poorer dwellings were near the wall. In addition, ethnic affiliation formed specific communities or quarters of families, e.g. of Najdi or Farsi (Persian) origin (IBRAHIM 1982, p. 213, cf. Fig. 4).

- The map of Figure 4 shows the spatial division of the quarters of Kuwait before the 1950s. These are: Al-Qibla (direction of the prayer to Mekka) which lies in the western part of the city, inhabited by Arab families coming from Najd; Al-Sharq along the coast, inhabited by pearl fishermen and traders as well as immigrants who came with the Al-Sabah from central Arabia. Al-Wasit is located between Al-Qibla and Al-Sharq. It presents the nucleus of the residential and commercial area where palaces and governmental establishments were located. Finally, Al-Merqab lies to the south. It overlooked the wall and was home to the poorer population, especially Najdi tribesmen and immigrant manpower.

The spatial factors, which contributed to the formation of the inner parts of Kuwait City, were thus the following: The shape of the Gulf shore was responsible for the main harbour location as well as the establishment of several private ports at small water outlets. Desert paths stretching from the west and south gave accessibility to the city and necessitated numerous gates in the city walls (cf. Figs. 2 and 4). They met at central Safa square as a meeting point for land movement leading to the main port. The city easily expanded its built-up space in the flat territory, leaving open spaces only for cemeteries, the 'Aid (Muslim festival) celebration field and areas for burning bricks (AL-HATEM 1960, p. 338 and IBRAHIM 1982, p. 214). The link between the extension of the residential area and the axes of the trade area extension on one hand and the coastal stretch on the other hand reflect the strategy of optimizing the location of housing with a view to securing the daily necessities. No houses were outside the wall except for limited areas where Bedouin traders from the Peninsula gathered with their camels. The general extension of the urban area in the form of a semi-circle gave the direction of the urban extension axes and the patterns of later urbanization (cf. Chapter 3).

Fig. 5 Functional structure of Kuwait City today
Funktionale Struktur der Stadt Kuwait heute

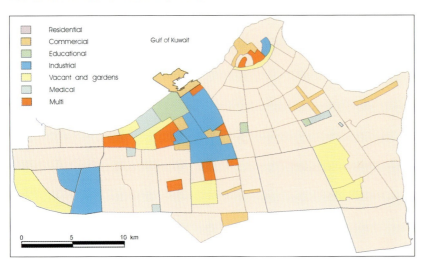

Fig. 6 Functional structure of Kuwait City centre today
Funktionale Struktur des Zentrums von Kuwait heute

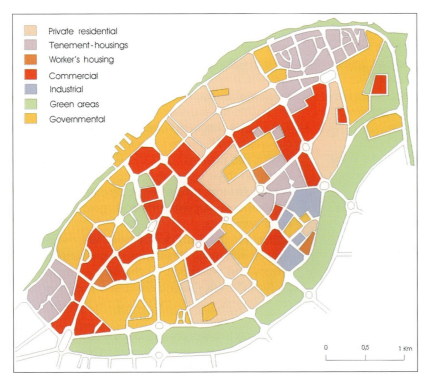

3. The functional structure since the 1950s

Urban development plans were proposed in 1952 (ABU AYYASH 1981, p. 28) in order to re-organize the old city and to resettle those who had lost their houses due to the expansion of the tertiary sector. They included new areas outside the wall. However, several obstacles affected their realization. The most important one was the lack of co-ordination among the various government bod-

Fig. 7 Kaifan residential area as an example of the new city
Das Wohngebiet Kaifan als Beispiel für die neue Stadt

ies dealing with the implementation of the plans (ABU AYYASH 1981, p. 29). In addition, the population grew faster than anticipated as a result of manpower immigration. In 1959, it was expected that the total Kuwaiti population would reach a quarter million in 1970. In reality, it attained 0.75 million in that very year (ABU AYYASH 1981, p. 29).

1964 is considered as the starting point of the dramatic change taking place in Kuwait City as oil revenues reached the country and most of the profits were poured into development projects and urban expansion (cf. ISMAEL 1993). Thus, the quantity and quality of the city improved. The maps of Figures 3, 4, 5 and 6 make these changes visible.

Figures 6 and 4 point to the impressive development occurring in the inner structure of the city after the 1950s. It was not only limited to the expansion of the area but also included new functional patterns. Figure 6 in comparison to Figure 4 shows the result of replanning the old city and the change in its internal functional structure. New functions such as recreation were introduced in the old city area, including the gardens and parks. The former city wall, for instance, was replaced by a green belt along Sour (= Wall) Street. This has become one of the highlights of the city, together with the refurbishing of the important squares (especially Safa Square and Al-Kurnish Road), as far as they are not allocated to car parking.

3.1. New housing suburbs

The government proposed plans to alleviate the arising housing shortage. It was due to a population increase of +7 % p.a. from 1965 to 1980 caused by natural growth as well as by immigration of Kuwaitis from villages and by influx of foreign manpower (ALESSA 1981). New residential districts were established outside the wall and the old city, respectively, and given a homogeneous functional structure.

Figure 7 presents the model of a residential district or area (after COX 1977). In it, each "area" includes several pieces of land classified by a logical system. The centre of the area is allocated to commercial functions where the local market, organized as a "co-operative society", covers the needs of the inhabitants, in addition to private small shops providing goods and services. Educational services are distributed in the area according to the planned needs at each educational stage and in accordance with the number of land pieces as follows (cf. BUCHANAN et. al 1971, pp. 12–13; IBRAHIM 1982, p. 256):

- for each unit 1 kindergarten,
- for each 3 units 2 primary schools, one for boys and the other for girls,
- also for each 3 units 2 middle schools, one for boys and one for girls,
- and for each 10 units 2 high schools, again one for boys and one for girls.

The criterion was that for every 3,000 families there should be two high schools, one for boys and one for girls, four middle schools, six primary schools and 10 kindergartens (IBRAHIM 1982, p. 256). Kindergartens and primary schools were to be positioned in the middle of the suburb far from the heavy traffic, and middle and high schools on the main roads in the relevant areas.

3.2. Commercial functions

Most typical for the period following the 1950s is the vision of a continuous development of commerce, being the oldest and the most important sector and starting point of Kuwait City. In the development plans carried out since the influx of oil revenues, the following guidelines were formulated:

- Developing the commercial area of the old city as the *Central Business District* (CBD) and dividing it into homogeneous areas according to the trade pattern. This has brought the CBD to a high standard (cf. Fig 6).
- Encouraging the establishment of commercial centers in a strip pattern on both sides of the main streets of several suburban areas, such as Salem El-Mubarak Street in Al-Salmiya and Tunis Street in Hawaly. Strict specifications in terms of building design and type of activity were applied, with the aim of maintaining an esthetical standard for commercial streets (cf. Fig. 5).
- Specifying the structure of the local commercial centers in different suburbs. Each center includes a co-operative society, a pharmacy, a bank, a post office, a mosque, a police station, a clinic, and the directorate office for collecting fees for water supply, electricity, telephone and others (cf. Figs. 8 and 9 for a model of their design).
- Establishing specialized markets outside the old city in large areas easily accessible by car to a large number of inhabitants. These are, for example, the vegetable market in El-Shuwaikh, the meat market, cattle market, used car market and others. This specialization had many commercial aspects such as encouraging competition among merchants to supply better goods at lower prices.

Comparing the maps of Figures 4 and 6, the development of the commercial functions, not only spatial terms, but also their commercial pattern becomes visible.

3.3. The industrial function

Before the 1950s the productive function was totally associated with commerce, especially as it consisted of handicrafts. They provided the markets (suqs) with simple goods such as fishing nets, ship repair material, wood products, household goods, gold and jewelry. Manufacturing was linked with commercial shops. Since then, the fast development of the urban tissue has resulted in a new demand for service industries such as car repair, modern furniture and others. Therefore, the new urban plan included the establishment of industrial areas for this purpose, such as El-Shu-

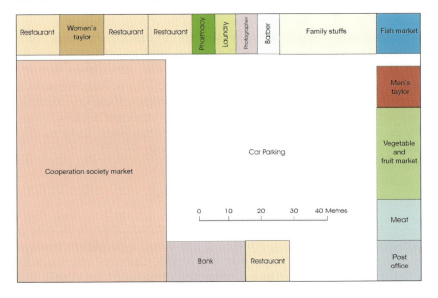

Fig. 8 Structure of the Kaifan commercial centre
Aufbau des Geschäftszentrums Kaifan

waikh and El-Sharq. As for the heavy industries such as steel and oil refining, the area of El-Shuaiba, in the south of Kuwait City, was allocated, near the oil terminal of Al-Ahmadi. It is difficult to visualize the areas covered by such industries before the 1950s because of their random spread. The allocation of industrial areas such as El-Shuwaikh and others is a typical feature of the oil-age development.

3.4. Educational and health functions

Planning the educational service also made use of the method of balanced spatial distribution. This method establishes a direct relationship between the number of inhabitants and the number of schools, and it was applied in the new housing suburbs. Kuwait is considered as one of the first Gulf countries which took interest in the educational sector, not only to satisfy the needs of local inhabitants but also to absorb those from neighboring Gulf states who wish to get an education.

Similarly, the process of developing health services in Kuwait depended on a plan which aims at a hierarchy. The pyramid's basis is represented by the dispensaries spread in suburbs, its top by specialized hospitals at specific locations within the city. In this pyramid, health services are classified as follows:

- Dispensaries are provided in every suburb or area and are located near the local commercial centre, providing basic health services to the inhabitants,
- Health complexes are present in each governorate, supervising a number of health clinics as well as vaccination and mother-and-child health care establishments,
- General hospitals are available at selected locations, notably at Al-Shuwaikh (next to the University campus), Farwaniya and Salmiya. They provide health services involving laboratory testing, X-ray and surgical operations for all inhabitants,

Fig. 9 The water towers built by a Yugloslav company in the early 1980s are now one of the landmarks of Kuwait (Photo: SCHLIEPHAKE 1996).
Die von einem jugoslawischen Unternehmen Anfang der 1980er Jahre errichteten Wassertürme gelten heute als ein Wahrzeichen des modernen Kuwait (Foto: SCHLIEPHAKE 1996).

- Specialized hospitals: These are spread throughout the city, covering specialized health services such as those for eye diseases, bones, delivery, teeth, fevers and endemic diseases, as well as psychiatric health clinics.

Fig. 10 State of Kuwait: Population development 1985–1995 by governorates (calculated by K. SCHLIEPHAKE after Statistical Review 1996)
Der Staat Kuwait: Bevölkerungsentwicklung 1985–1995 nach Verwaltungsbezirken (berechnet von K. SCHLIEPHAKE nach Statistical Review 1996)

Governorate	Year 1985				Year 1995			
	Kuwaitis [1,000]	Non-Kuwaitis [1,000]	Total [1,000]	Share [%]	Kuwaitis [1,000]	Non-Kuwaitis [1,000]	Total [1,000]	Share [%]
Capital area	104.6	136.8	241.4	14.2	97.1	95.7	192.8	12.2
Hawalli	101.5	386.0	496.5	29.3	196.8	270.1	466.9	29.6
Al Ahmadi	105.3	196.2	301.5	17.8	137.6	126.2	263.8	16.7
Al Jahra	54.9	186.4	241.3	14.2	71.0	153.2	224.2	14.2
Al Farwaniya	95.2	321.5	416.6	24.5	153.3	274.9	428.2	27.1
Total	470.5	1,226.8	1,697.3	100	655.8	920.2	1,578.0	100
Share [%]	27.7	72.3	100		41.6	58.4	100	

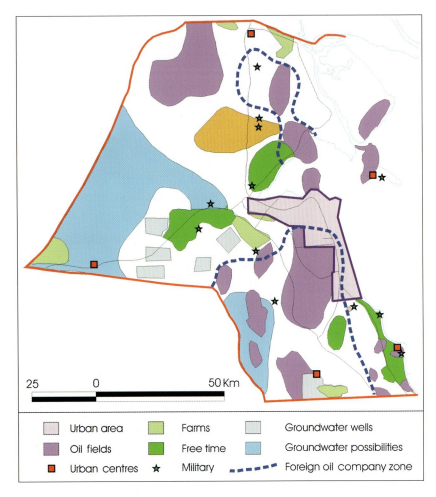

Fig. 11 Various obstacles to urban extension in Kuwait
Verschiedene Hindernisse der städtischen Entwicklung in Kuwait

4. Current status and perspectives

Thanks to the influx of oil money Kuwait has become the first "welfare state" in the Arab World, where it is still one of the richest countries. As we can see from the succession of maps, oil money and population increase by natural causes as well as by immigration have caused a tremendous growth of the urban areas.

This growth does not take place in a spontaneous way as may be the case in poorer countries. On the contrary, it is well planned within the framework of various zoning and land-use plans where a balanced offer of housing, health, educational and commercial services is provided. Although the foreign population has decreased since, according to Figure 10, the Iraqi invasion in 1990/91 has not destroyed the urban tissue; it has, however, accelerated the population movement from the central areas to the western suburbs.

The development of the City of Kuwait with its suburbs is one of the success stories in this country. However, it had to cope with the natural setting and its shortcomings. It encountered several obstacles which caused the city to spare the south-west in its expansion. Figure 11 illustrates the current urban extension of the city and the different obstacles which the urban axes of the city have to overcome. The major obstacles are (cf. ABU AYYASH 1981, pp. 31–32; and own research):

- The position of natural elements such as ridges, dunes and valleys,
- Productive and hazardous areas such as oil fields in the south and the north,
- Agricultural areas in the north, west and south,
- Places allocated for recreational activities in the west and the south,
- Current and potential industrial areas,
- Historical areas and tourist sites
- Military sites, airports and others.

Urban planning policies have to take into account the political will, the economic potential and the elements of nature, as shown in our maps focussing on Kuwait.

References

ABU AYYASH, A. (1973): City Structure and City Change. A System Analysis Approach. The Geographical Bulletin.

ABU AYYASH, A. (1981): Urban Development and Planning Strategy [Arabic text]. Journal of Kuwaiti Geographic Society, **27**.

AL-AABDULRAZAK, F. (1974): Water and Population in Kuwait [Arabic text]. Kuwait.

ALESSA, S. Y. (1981): The manpower problem in Kuwait. London/Boston.

AL-FARRAH, M. A. O. (1973): Economic Development in Kuwait [Arabic text]. Kuwait University.

AL-HATEM, A. KH. (1960): From here started Kuwait [Arabic text]. Damascus.

AL-RASHEED, A. (1971): History of Kuwait [Arabic text]. Beirut.

AL-SABAH, A. Y. A. (1972): Population of Kuwait [Arabic text]. Master Thesis, Kuwait University.

AL-SHARBOUBY, M. A. (1971): Population Structure of the State of Kuwait [Arabic text]. Cairo.

AZIZ, M. (1995): Kartenwerke und geographische Informationssysteme (GIS) in Qatar. Würzburger Geographische Manuskripte, **36**: 195–208.

BUCHANAN, C., et. al (1969): Survey of the natural environment in Kuwait. Kuwait. = Studies for the National Physical Plan for the state of Kuwait, Technical Paper, **7**.

BUCHANAN C., et. al (1971): The Plan of Kuwait Town and Plan Implementation. Kuwait. = Second report, **3**.
COX, SH. (1977): Master Plan for Kuwait. Kuwait. = Planning and Policy, **14**.
ELFRENCH, G.H., & A.G. HILL (1971): Kuwait – Urban and Medical Ecology. New York.
FREEZE, Z., & V. WINSTONE (1971): Kuwait – Prospect and Policy. London.
GIBBS, J.B. [Ed.] (1964): Urban Research Methods. Princeton.
HAMDAN, G. (1964): The Arabic Town [Arabic text]. Institute of Arabic High Studies, Cairo.
HILL, A.G. (1969): Aspects of the Urban Development of Kuwait. MSc.Thesis, Kuwait University.
HUSSEIN, A. (1960): Lectures on Arabic Society in Kuwait [Arabic text]. Institute of Arabic High Studies, Cairo.
IBRAHIM, A.H. (1982): Kuwait City – Study on Urban Geography [Arabic text]. Kuwait University.
ISMAEL, J.S. (1993): Kuwait – Dependency and class in a rentier state. Gainesville.
JABER, M.S. (1967): Population in Kuwait [Arabic text]. Kuwait. = Journal of Kuwait Economy.
RIAD, M.M. (1985): Some aspacts of petro-urbanism in the Arab Gulf States. Nürnberger Wirtschafts- und Sozialgeographische Arbeiten, **37**: 63–84.
SCHWEDLER, H.-U. (1999): Kuwait – Stadtstaat in der Krise? In: SCHOLZ, F. [Hrsg.]: Die kleinen Golfstaaten. Gotha und Stuttgart, 117–147.
SHIBER, S.G. (1973): The Kuwait Urbanization. Kuwait.

Atlases and Maps

Aerial Photographs from the Year 1931, 1951 and 1972.
Kuwait Directory from A-Z [Arabic ed.] (1990). Kuwait Municipality.
Kuwait from above [Arabic/English ed.] (1998). Center for Research and Studies on Kuwait.
Kuwaiti National Atlas [Arabic ed.] (1985). Kuwait.
Kuwait Topographic Map [Arabic ed.] (1985). Scale 1 : 10,000. Kuwait Municipality.
Map of Old Emirate of Kuwait (1930). Scale 1 inch : 1 mile. Kuwait Municipality.
Maps of Urban Areas in Kuwait City [Arabic ed.] (1990). Scale 1 : 2,000. Kuwait Municipality.

Manuskriptannahme: 20. Dezember 2000

Assoc. Prof. Dr. Mag. MOHAMED AZIZ, Kuwait University, College of Social Sciences, Geography Department, P.O. Box: 68168, Kuwait-Kaifan 71962, Kuwait
E-Mail: MAZIZ@KUC01.KUNIV.EDU.KW

Anzeige

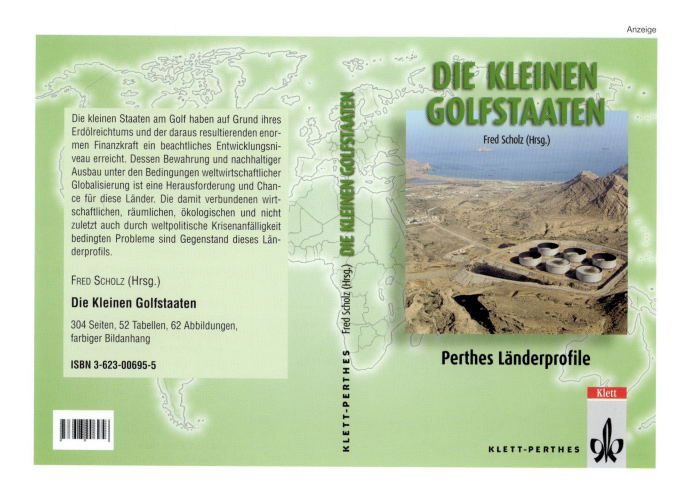

PGM Forum

Entwicklungsplanung für die Provinz Gilan (Nordiran) – ein erster Ansatz

Der folgende Beitrag soll einen kurzen Einblick in die aktuelle Raumsituation der nordiranischen Küstenprovinz Gilan (Ostan Gilan) geben. Schnell kristallisert sich heraus, dass eine umfassende Regionalplanung unabdingbar ist.

Immer wieder steht der Iran im Rampenlicht der medialen Berichterstattung, nicht nur in Deutschland. Diese erhöhte Aufmerksamkeit wird nicht allen Ländern des islamischen Orients gleichermaßen zuteil, und sie ist – das sollte durchaus betont werden – vor allem von wirtschaftlichen und politischen Themen geleitet. Aber es gibt mehr zu berichten über den Iran, der sich wiederum in einer Phase des politischen und gesellschaftlichen Umbruches befindet. Das Land hat durch die jahrelange Abschottung vom Ausland immense Probleme. Zudem verursachte der acht Jahre dauernde Krieg mit dem Irak durch den Abzug der Finanzmittel für die Kriegsführung und den sich später anschließenden Wiederaufbau zerstörter Regionen eine Schwächung der Gesamtwirtschaft. Regionalgeographische Arbeiten könnten in Zukunft dazu dienen, den Problemen einzelner Regionen näher zu kommen. In diesem Sinne soll der folgende Beitrag über die subtropische Küstenprovinz Gilan einen ersten Ansatz bieten.

Der Ostan Gilan ist Teil des südkaspischen Küstentieflandes. Mit einer Fläche von 14 709 km² nimmt er 0,9 % der Gesamtfläche Irans ein. Gilan wird im Norden vom Kaspischen Meer und im Süden durch die Nordabdachung des Elbursgebirges begrenzt. Diese Lage ist es, die den Ostan zu einer herausragenden Sonderstellung im Iran werden lässt: Die bis zu einer Höhe von 5670 m aufragenden Gipfel des Elburs führen zu einem Abregnen der Luftmassen im Kaspischen Tiefland, so dass in der Hafenstadt Bandar Anzali jährliche Niederschlagssummen von 1500–2000 mm gemessen werden (vgl. EHLERS 1980). Da zudem ein recht ausgeglichener Temperaturverlauf mit Jahresmitteltemperaturen von 16,6 °C in Bandar Anzali aufgrund der unmittelbaren Nähe zum Kaspischen Meer vorherrscht, sind optimale Bedingungen für eine intensive Landwirtschaft im einzigen ganzjährig humiden Raum des Irans gegeben.

Entwicklungsprobleme

Die stark agrarisch geprägte Region trägt maßgeblich zur Versorgung der persischen Bevölkerung mit Nahrungsmitteln bei. Innerhalb der Anbaukulturen spielt der Reis im Gilan eine dominante Rolle. 1996 wurden rund 45 % der Reisproduktion des Irans im Gilan angebaut. Neben dem Gilan ist Mazandaran, die östliche Nachbarprovinz von Gilan, ein weiteres Reisanbaugebiet. Zusammen erzeugen die zwei Küstenprovinzen 91,5 % der Gesamtproduktion. Dennoch ist der Bedarf an Reis, der das Hauptnahrungsmittel des iranischen Volkes ist, größer. Im Jahr 1995 wurden zu-

Fig. 1 Lage der Provinz Gilan

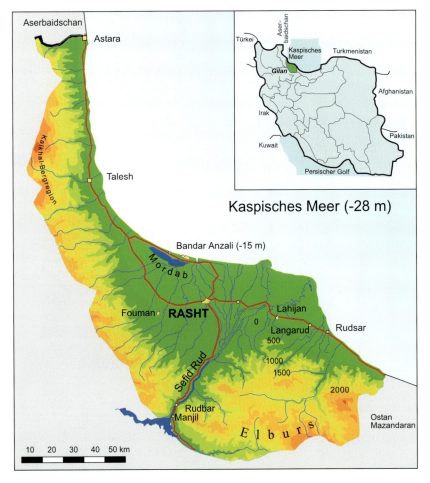

sätzlich 1,633 Mio. t Reis importiert (FAO 2000). Mit steigender Bevölkerungszahl wird die Fähigkeit des Irans, sich hauptsächlich mit eigenen Nahrungsmitteln zu versorgen (eines der wichtigen Ziele der islamischen Revolution), weiterhin abnehmen, so dass sich der Trend zunehmender Nahrungsmittelimporte fortsetzen wird. Durch die extreme Dürre im Jahre 1999 sank die Weizenproduktion gegenüber dem Vorjahr um 25 %, der Reisertrag verringerte sich um 17 % (FAO 2000).

Neben dem auf gekammerten Äckern des Tieflandes und terrassierten Hängen im Bewässerungsfeldbau kultivierten Reis nimmt die Teeproduktion eine wichtige Stellung ein. Weizen wird im Regenfeldbau dort angebaut, wo das Relief oder andere begrenzende Faktoren einen Reisanbau nicht zulassen. Eingebettet in diese flächenmäßig dominierenden Kulturen befinden sich Maulbeerhaine, die der Seidenraupenaufzucht dienen, sowie Zitruskulturen. Das Obst und Gemüse ist vorwiegend zur Eigenversorgung bzw. zum Verkauf auf lokalen Märkten bestimmt.

Fig. 3 Reisanbau auf Terrassen bei Talesh. Der arbeitsintensive Reisanbau führte dazu, dass sich im Gilan vorwiegend Streusiedlungen entwickelten, wobei die Einzelgehöfte von Ackerland umgeben sind (Foto: BRUNS 2000).

Produkt	Anbaufläche [ha]	Produktionsmenge [t]
Reis	230 000	1 068 618
Tee	28 520	258 529
Weizen	21 300	53 415
Maulbeere	11 446	80 122
Hülsenfrüchte	9 691	12 845
Zitrusfrüchte	7 692	105 400
Haselnüsse	7 137	6 648

Fig. 2 Hauptanbauprodukte im Ostan Gilan 1996 (Daten: Planungsministerium Teheran 1997)

Fig. 4 Kalkhal-Gebirgsregion. Die Waldweidewirtschaft und die illegale Bau- und Brennholzentnahme haben zur Degradation weiter Hangbereiche geführt. Das an dieser Stelle ehemals vorhandene hyrkanische Waldgebiet wurde von Geobotanikern als Reliktökosystem aus dem Tertiär angesprochen. Eine spätere Folge der Vegetationszerstörung und Instabilisierung der Hänge können Hangrutschungen sein. Sie treten vor allem nach längerer Trockenzeit mit anschließenden Starkregen auf (Foto: HAHMANN 2000).

Diese Basare in den Städten dienen nach wie vor als Absatzmärkte der Agrarprodukte. Bestätigt wird diese gegenseitige Abhängigkeit von Stadt und Umland durch den ungemindert hohen Stellenwert, den Handel und Gewerbe in den Städten einnehmen.

Begleitet wird die (agrar-)wirtschaftliche Sonderstellung Gilans von einer zunehmenden Bevölkerungsdichte, die derzeit bei etwa 160 Einw./km² liegt (im Jahr 1976 107 Einw./km²). Die Bevölkerung ist aufgrund des Reliefs jedoch ungleichmäßig über den gesamten Gilan verteilt. Sie konzentriert sich in der Küstenebene, deren schmalste Stelle lediglich 3 km breit ist und die flächenmäßig nur rund ein Drittel der Provinz einnimmt. Die tatsächliche Bevölkerungsdichte liegt also wesentlich höher. Die größte Stadt im Gilan ist Rasht mit 417 748 Einwohnern (SCI 2001). Sie liegt auf dem mächtigen Schwemmfächer des größten Flusses des Gilan, des Sefid Rud, der das Küstentiefland auf 40–50 km verbreitert.

Wanderungsprozesse, die vom Land in Richtung Stadt gerichtet sind, und das Bevölkerungswachstum hinterlassen ihre Spuren im

© 2001 Justus Perthes Verlag Gotha GmbH

Forum

Fig. 5
Tägliches Verkehrschaos in Rasht. Zu den ca. 400 000 Einwohnern der Stadt kommen täglich bis zu 300 000 Pendler – da vermögen auch die vom Shah angeordneten Straßendurchbrüche keine Abhilfe zu schaffen (Foto: HAHMANN 2000).

Stadtbild: Städte wuchern über ihre nicht definierten Grenzen hinaus, während gleichzeitig Gebäude in der Innenstadt aufgrund fehlender Reinvestitionen verfallen und innerstädtische Brachflächen nicht bebaut werden. Da zudem die Bodenpreise entlang der Hauptstraßen stark ansteigen, sind Forderungen nach Stadtplanung berechtigt. Auch Fragen der Wasserversorgung und Abwasserbeseitigung drängen auf schnelle Antworten, die zu finden die kleinen Städte allein oft nicht in der Lage sind. Dieses liegt zum einen am Fehlen der dazu nötigen Finanzmittel, aber auch am Mangel an qualifizierten Arbeitskräften. Die Verwaltung der Stadt Lahijan versucht aus diesem Grund, eine Kooperation mit schwedischen Experten einzugehen, um die dringenden Probleme des Abfallmanagements zu lösen.

Das städtische Flächenwachstum ist umso dramatischer, als die Grenzen der Region durch das Kaspische Meer und dem Elburs festgelegt sind und zugleich der bereits beschriebene landwirtschaftliche Nutzungsanspruch besteht. Ein Rückgang der landwirtschaftlichen Produktion hat für den gesamten Gilan, in dem die Arbeitslosigkeit inoffiziellen Zahlen zufolge bei 20 % liegt, dramatische Folgen, da die Städte als „Agrarstädte" anzusprechen sind. Doch sind Bestrebungen zur Diversifizierung der Wirtschaft bereits sichtbar: Die Hafenstadt Bandar Anzali will künftig als Verkehrsknotenpunkt zwischen den GUS-Staaten, die über das Kaspische Meer erreichbar sind, und der am Persischen/Arabischen Golf liegenden Stadt Bandar Abbas fungieren. Zu diesem Zweck wird der Hafen von Bandar Anzali um 18 km nach Osten verlegt, da so seine Kapazität vergrößert werden kann. Vorteilhaft ist zudem die Nähe des Hafens zu der Sonderwirtschaftszone, die sich nahe bei Bandar Anzali befindet. Innerhalb der Sonderwirtschaftszone soll ein Freihandelsgeschäftszentrum mit 500 Büroeinheiten entstehen, das stark an ähnlichen Objekten in Dubai orientiert ist. Auch hier sind die Zielgruppe die GUS-Staaten.

Bedenklich erschien bei der Besichtigung der Bauten in der Sonderwirtschaftszone die mangelnde Rücksicht auf naturräumliche Faktoren. Nicht die Tatsache, dass für den Bau Teile des rezenten Dünengürtels abgetragen wurden, scheint leichtsinnig; vielmehr ist es auch das Wissen darum, dass seit Mitte der 1970er Jahre der Seespiegel des Kaspischen Meeres angestiegen

Fig. 6 In einem ländlichen Industriegebiet bei Fouman arbeiten in einer kleinen Plastikfabrik neben den drei auf dem Bild zu sehenden Frauen insgesamt rund 20 Personen. Die Fabrik befindet sich in Privatbesitz und vertreibt ihre Produkte im gesamten Iran. Derzeit sind 10 Fabriken in dem Industriegebiet angesiedelt, ein weiterer Ausbau ist geplant (Foto: HAHMANN 2000).

Das Studienprojekt „*Entwicklungsplanung für die Provinz Ostan Gilan am Kaspischen Meer*", dessen bisherige Aktivitäten und ersten Ergebnisse vorgestellt werden, ist am Institut für Stadt- und Regionalplanung der Technischen Universität Berlin angesiedelt. Es befasst sich in einem interdisziplinären Zusammenschluss von Studierenden der Stadt- und Regionalplanung, der Landschaftsplanung und der Geographie (HUB) mit der gegenwärtigen Raumsituation im Ostan Gilan.

Unter der Leitung von ASAD MAHRAD dienten zunächst umfangreiche Recherchen über den Ostan Gilan der eingehenden Vorbereitung der Exkursion. Zusätzlich war neben der fachlichen und thematischen Auseinandersetzung mit dem Untersuchungsraum von Anfang an erklärtes Ziel des Projektes, eine längerfristige Kooperation mit iranischen Studenten und Wissenschaftlern zu beginnen. Da das Projekt in völliger Eigenregie von 15 Studierenden gestaltet wird und keine Ankopplung an einen Lehrstuhl mit den dazugehörigen Mitteln besteht, war der organisatorische Anteil der Arbeit nicht zu vernachlässigen, zumal der Umgang mit iranischen Behörden nicht immer einfach ist. Nachdem die erste große Hürde mit dem Erhalt der Einreisegenehmigung in den Iran eine Woche vor Abflugtermin genommen war, konnte die geplante Zusammenarbeit mit der Universität in Rasht beginnen. Ein dreitägiger Workshop mit iranischen Studenten verstärkte den Eindruck, dass die Bevölkerung den regen Austausch mit dem (westlichen) Ausland sucht und eine tiefer gehende Kooperation in vielen Bereichen wünscht. So ist zu hoffen, dass der geplante Gegenbesuch von 20 iranischen StudentInnen erfolgreich realisiert werden kann.

Schon während der Vorbereitungsphase gestaltete sich eine thematische und fachliche Einarbeitung als ungewohnt schwierig, da übliche Arbeitsmaterialien wie Statistiken und Karten kaum verfügbar sind oder zum großen Teil noch aus den Jahren vor 1978/79 (vor der islamischen Revolution) stammen. Aber auch innerhalb des Landes macht es große Schwierigkeiten, an geeignete Arbeitsunterlagen zu kommen. Eben dieser Mangel an statistisch gesicherten Daten und Fakten spiegelt sich in der Kurzdarstellung der Provinz Gilan wieder: Es wird in verstärktem Maße auf die Informationen, die wir in zahlreichen Gesprächen mit Bürgermeistern, Beamten der Stadtverwaltungen und den dort lebenden Menschen erhielten, zurückgegriffen. Dieser zunächst als Mangel zu bezeichnende Umstand kann aber auch als Chance betrachtet werden, da der Beobachtung der aktuellen Raumsituation und der Auswertung der Interviews ein höherer Stellenwert zugesprochen wird und damit durchaus ein realistisches Bild der Region entstehen kann.

ist. In einigen Regionen wurde der (nun ehemalige) Strandbereich bereits um 100–200 m überspült. Mit Sandvorspülungen werden dort aufwendige Küstenschutzmaßnahmen betrieben, während an anderen Stellen Dünen, die natürlichen Schutz vor Überschwemmungen bieten, zerstört werden.

Ausblick

Bereits die aktuellen Entwicklungstendenzen in dem noch weitgehend isolierten Iran bzw. Gilan bergen erhebliche Probleme in sich, die nach einer übergeordneten Entwicklungsplanung sowie nach detaillierten Stadtplanungen verlangen. Schreitet aber die wirtschaftliche Öffnung voran und werden im Rahmen dessen z. B. die Ölfelder im Kaspischen Meer (von Veba Öl bzw. Shell) erschlossen, werden konkrete Planungen umso notwendiger. Eine latente Gefahr für die politische Stabilität ergibt sich aus der hohen Arbeitslosenrate. Der letzte vom Staat erlassene 5-Jahr-Plan sah die Schaffung von 800 000 neuen Arbeitsplätzen vor, kurzfristig erreichbar scheint dieses Ziel jedoch nicht zu sein.

Zu hoffen bleibt, dass mit zunehmender wirtschaftlicher und gesellschaftlicher Liberalisierung der Islamischen Republik Iran die Provinzregierungen eine Stärkung erfahren werden und sich damit neue Handlungsmöglichkeiten für die Lösung ihrer Probleme eröffnen.

ANTJE BRUNS, Projekt Gilan, Technische Universität Berlin

Literatur

AMID, M.-J. (1990): Agriculture, poverty and refom in Iran. London, New York.

BOBEK, H. (1936): Die Landschaftsgestaltung des Südkaspischen Küstentieflands. In: LOUIS, H., & W. PANZER [Hrsg.]: Länderkundliche Forschung [Norbert-Krebs-Festschrift]. Stuttgart, 1–25.

EHLERS, E. (1970): Die Teelandschaft von Lahidjan (Nordiran). In: BLUME, H., & K.-H. SCHRÖDER: Beiträge zur Geographie der Tropen und Subtropen [Herbert-Wilhelmy-Festschrift]. = Tübinger Geographische Studien, **34**: 229–242.

EHLERS, E. (1971): Nordpersische Agrarlandschaften. Landnutzung und Sozialstruktur in Ghilan und Mazandaran. Geographische Rundschau, **23**: 329–342.

EHLERS, E. (1980): Iran: Grundzüge einer geographischen Landeskunde. Darmstadt. = Wissenschaftliche Länderkunden, **18**.

FAO (2000): Daten zur Landwirtschaft. Rom.

HAHN, H. (1973): Die Wirtschafts- und Sozialgeographische Struktur Iranischer Dörfer nach der Bodenreform. Erdkunde, **27**: 147–152.

International Monetary Fund (2000): Islamic Republic of Iran. Recent Economic Developments. Washington.

Iranian Trade Association (2001): Daten zur wirtschaftlichen Entwicklung. San Diego.

JAFARI-DARABJERDI, J. (1993): Agrarpolitik und Wandel der Agrarstruktur im Iran zwischen 1960 und 1990. Aachen.

JAHRUDI, R.-M. (1975): Entwicklung und Zukunft des Ostan Gilan. Ein Beitrag zur Regionalplanung im Iran. Dissertation, TU Berlin.

KOOROSHY, J. (1986): Eine kritische Betrachtung der Entwicklung iranischer Landwirtschaft seit Bestehen der islamischen Republik. Hamburg.

PLANCK, U. (1975): Die Reintegrationsphase der Iranischen Agrarreform. Erdkunde, **29**: 1–9.

Planungsministerium Teheran (1997): Statistisches Jahrbuch Gilan 1375.

PROBST, W. (1981): Zur Vegetationsgeschichte und Klimaentwicklung des Südkaspischen Waldgebietes (Nordiran). In: FREY, W., & H.-P. UERPMANN [Hrsg]: Beiträge zur Umweltgeschichte des Vorderen Orients. Wiesbaden, 26–39. = Beihefte zum Tübinger Atlas des Vorderen Orients.

Statistical Center Iran (2001): Daten zur wirtschaftlichen Entwicklung der Provinzen. Teheran.

Pastoral Nomadism and Environment: Bakhtiari in the Iranian Zagros Mountains

ECKART EHLERS
CONRAD SCHETTER

with 9 Figures

Nomadismus und Umwelt: die Bakhtiari im iranischen Zagros
Zusammenfassung: Der Nomadismus der Bakhtiari stellte eine angepasste Kulturweise an die extremen ökologischen Bedingungen des iranischen Zagros, eines Hochgebirges im altweltlichen Trockengürtel, dar. Diese Kulturweise war aufgrund der Einbeziehung verschiedener Ressourcen (multi-resource nomadism) sowie aufgrund der Nutzung verschiedener Raumeinheiten (highland-lowland interaction) durch weitgehende ökologische Nachhaltigkeit gekennzeichnet. Bevölkerungswachstum, staatliche Interventionen sowie die Einbindung in die nationale Wirtschaft führten im Laufe des 20. Jh. zur Disintegration und zum Niedergang des Nomadismus der Bakhtiari und einer drastischen Verschlechterung der Umweltbedingungen im Zagros. Es stellt sich daher die grundlegende Frage, inwiefern eine Aufrechterhaltung bzw. Revitalisierung der nomadischen Kulturweise eine Verbesserung der ökologischen Situation herbeiführen kann.
Schlüsselwörter: Nomadismus, Bakhtiari, Nachhaltigkeit, Highland-Lowland-Interaktion, Iran, Zagros, Umwelt

Abstract: The pastoral nomadism of the Bakhtiari constitutes a highly adapted way of life to the very fragile ecological environment of the Iranian Zagros Mountains, a high mountain range of the ancient dry belt. Considering the inclusion of different resources (multi-resource-nomadism) as well as the use of different units of space (highland-lowland-interaction) this way of life was characterized by a considerable ecological sustainability. Population explosion, state intervention and integration into the national economy led to the decay and decline of pastoral nomadism of the Bakhtiari in the course of the 20th century and to a collapse in the ecological conditions of the Zagros Mountains. The basic question is whether the maintenance or even the revitalisation of the nomadic way of life would be able to improve the ecological situation.
Keywords: Pastoral nomadism, Bakhtiari, sustainability, highland-lowland interaction, Iran, Zagros Mountains, environment

1. Introduction

Recently SCHOLZ (1999) proclaimed the definite and irrevocable end of nomadism. Socio-economic, socio-political as well as ecological conditions have changed so dramatically that nomadism as a typical and almost indispensable part of the Near and Middle Eastern trilogy of "urbanites-peasants-nomads" has no chance of survival (SCHOLZ 1995). However, SCHOLZ himself points to the fact that it would be irresponsible not to use nomadic grazing grounds: ecological as well as socio-economic reasons speak in their favour. Suggesting the term "mobile animal husbandry" he argues that hardly any of the countries of the ancient dry belt can afford to abandon pastoral areas. In spite of a general and irrevocable decline, SCHOLZ (1999, p. 249) mentions the fact that in some regions nomadic forms of animal husbandry seems to be experiencing a kind of renaissance. It may be appropriate to point to the specific case of Iranian mountain nomadism, an area not covered by SCHOLZ' analysis. Although the situation of Iran's nomadism is basically comparable to his observations, aspects of "sustainability" and "highland-lowland interaction" seem to be more pronounced than elsewhere.

2. Iranian mountain nomadism

A recent survey by the government of the Islamic Republic of Iran, carried out in the mid-nineties, mentions the existence of 93 migratory tribes *(il)* with a total population of more than 195,000 families and 1.3 million people (Plan and Budget Organization 1998). Figure 1 lists the largest tribes of Iran and their stock. The survey proves the economic importance of these and other tribes: Nomadic contributions to national supply of meat and milk products are unquestioned. Wool, traditional knowledge and a surplus of (female) labour are transferred into nomadic carpet manufacturing and constitute a major element of Iranian exports.

There is no doubt that the ecological balance of nomadism has been disturbed by changes in the political, social and economic conditions. There are signs that the nomadic civilization is disintegrating and the pastoral environment is being extensively destroyed.

Persischer / Arabischer Golf

Tribes	Number of families	persons	Animal husbandry sheep	goat	cattle/ buffalo	camel	horse/ donkey
Bakhtiari	27,172	181,505	838,297	1,022,452	284	1	41,397
Qashqai	17,449	110,975	1,173,122	954,782	5,762	1,123	35,586
Shahsavan	11,383	75,429	1,201,110	161,022	30,283	839	6,160
Qaradagh	7,233	42,577	634,389	88,091	19,250	283	3,834
Buyer Ahmad	6,274	43,318	180,991	208,186	8,150	0	8,085
Khamseh	6,146	38,734	498,215	557,818	719	256	8,016
Meywand	6,076	38,214	254,202	264,847	7,413	2	10,698
Kalahar	2,707	18,099	255,819	46,636	2,718	0	2,965
Jalai	2,685	19,314	292,696	49,606	11,076	0	2,437
Jebal Barezi	2,678	16,063	63,174	280,511	4,504	23	3,309
Baluch	2,418	14,550	85,908	28,500	1,918	3,687	3,707
Mamasani	2,309	14,919	50,901	93,418	3,446	18	2,418
Qalkhani	2,214	16,555	110,662	954,782	5,672	0	646
Zelki	2,118	12,658	53,836	76,570	2,509	1	3,021
Tayebi	2,206	15,551	33,734	103,632	2,517	0	2,926
Milan	2,079	14,880	235,471	15,867	2,094	3	266
Kurd	2,164	16,704	171,842	155,759	335	1	5,477
Bahmi	1,926	13,784	24,390	97,712	689	0	3,869
Afshar	1,798	10,711	69,593	10,7335	528	0	884

Fig. 1   Major nomadic tribes and their animal husbandry 1998 (Source: Plan and Budget Organization 1998)
Die wichtigsten Nomadenstämme und ihre Viehwirtschaft 1998 (Quelle: Plan and Budget Organization 1998)

Iranian mountain-nomadism is important in the western part of the country (Fig. 2). Especially the Zagros range and its foothills have been the focus of nomadic life for millennia. Due to an excessive climate with cold snowy winters and hot arid summers these mountains, with heights of more than 4,200 m, constitute a marginal region of human habitat. They have only been sparsely populated and have served as complementary areas and places of retreat for the highly-populated foothills of Mesopotamia and the oases of the Iranian plateau. Among the major tribes that consider the central Zagros as their home the Bakhtiari is the biggest and both politically as well as historically the most important (e.g. DIGARD 1981, EHMANN 1975, GARTHWAITE 1983).

The establishment of nomadism, as a specific civilization, can be explained by the two geo-ecological concepts of highland-lowland-interaction and sustainability, both of which regard adaptive forms of land use and social organization. Both concepts complement one another. Our hypothesis about the ecological validity of mountain nomadism as it is practised by the Bakhtiari is that it has been an ecologically feasible life-style for centuries with potentials also for the future.

2.1. Highland-lowland interaction

Recent research (ALLAN 1992, WINIGER 1992) has stressed the close ecological as well as economic interaction of

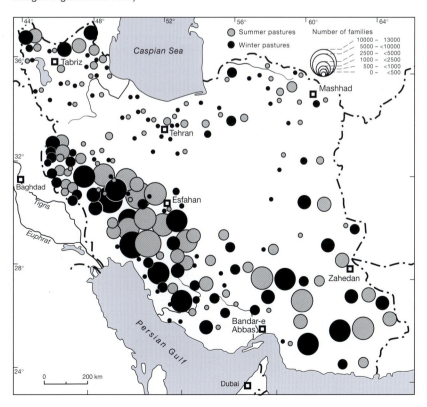

Fig. 2   Summer and winter pastures of nomadic tribes in Iran 1987 (Source: Plan and Budget Organization 1998)
Sommer- und Winterweiden von Nomadenstämmen in Iran 1987 (Quelle: Plan and Budget Organization 1998)

© 2001 Justus Perthes Verlag Gotha GmbH

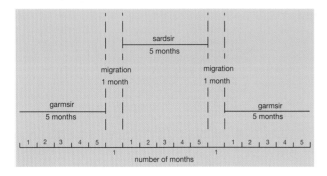

Fig. 3 Bakhtiari highland-lowland-interaction
Gebirgs- und Vorlandsbeziehungen der Bakhtiaren

mountains and their corresponding foothills. In a very general sense high mountains have been characterized as:

- core areas of specific montane environmental systems and extremely sensitive indicators of their change due to physical and societal impacts,
- resource potentials for their specific foothills, and
- hazard potentials for their forelands.

These and other elements demand careful and sustainable management of their fragile and vulnerable environments. Unlike high mountain environments in many other parts of the world, high altitudes of the Turkish-Iranian realm have generally been used in a strictly periodic fashion. As a matter of fact: mountain nomadism is an example of a perfect adaptation of human land uses to ecological fragile areas by combining ecologically vulnerable and peripheral highland pastures (sardsir) in the summer and lowland pastures (garmsir) in the winter into one economically viable form of land use. Marginal places and spaces are incorporated by nomads into a highly sophisticated millennia-old system of highland-lowland interaction.

Anthropological and economic studies (e.g. BLACK-MICHAUD 1986, NADERI 1971, TAPPER 1979) have shown the importance and potentials of rangelands that have been used in the periodic cycle of highland-lowland interactions by nomads. Nomadic splitting of an all-year-round pasture economy into two or three equal parts has been one of the ecological preconditions for their sustainability. The seasonal use of pastures as a renewable resource on the basis of a 4 out of 12 months cycle is an almost ideal nomadic adaptation to the fragility of their natural environments (Fig. 3). In winter, the Bakhtiari used pastures of the western mountain foothills in Khuzestan (garmsir) for about four to five months, and in summer pastures of the high mountains (sardsir) for approximately the same period. For one month or more migration between garmsir and sardsir along the migration routes (ilrah) was considered typical for the different Bakhtiari subgroups.

2.2. Sustainability

In view of the high density of the nomadic population in the Zagros, the Bakhtiari have been using the natural resource "pasture" to their limit since the beginning of the 19th century. The original size of flock per household was approximately 50 sheep and goats, i.e. approximately half the size compared to other nomads (BRADBURD 1996, p. 4). By reducing the size of their flocks, the Bakhtiari have proved their ability to develop and to maintain a long-term carrying capacity of these regions. To compensate for the lower income from animal husbandry, they found alternative sources of income, called "multi-resource nomadism" by SALZMANN (1972). The processing of animal products as well as carpets was one such optimizing strategy. Furthermore, almost every family practised agriculture on both summer and winter pastures (LAYARD 1887, p. 451). Hunting, charcoal burning, gathering of traganth gum, trading, raising of road toll, looting of caravans and cattle theft were also part of their multi-resource-nomadism (BISHOP 1891, pp. 111–112).

However, the nomadism of the Bakhtiari cannot be reduced to its economic significance; it must rather be understood as a complex socio-ecological way of life. Nomadism was based on the fictitious construction of a common descent. The individual was integrated into social structures by the tribal system. Tribal subgroups like khanewar (family) or oulad (clan) kept fundamental functions in the organization of the nomadic lifestyle,

Fig. 4 Traditional structure of responsibilities at the different tribal levels of the Bakhtiari
Traditionelle Struktur der Verantwortlichkeiten auf den verschiedenen Stammesebenen der Bakhtiaren

Tribal level	Tribal leader	Property	Organization
khanewar (family)	baba	livestock, tent, arable land	shepherding, farming, householding
oulad (clan)	rish safeed	pasture, camp site	shepherding, harvest, processing of animal products
tash (subtribe)	rish safeed	pasture	migration
tire (subtribe)	kadkhoda	pasture, migration route	migration
taifeh (tribe)	kalantar and khan	tribal territory	defence, tax-collection, mediation
il (confederation)	ilkhan and ilbeg	tribal territory (incl. Chahar Mahal and Ram Hormuz)	political agreements, defence, mediation, maintenance of a common culture

especially regarding sustainable resource management (EHMANN 1975, pp. 59–65; GARTHWAITE 1983, pp. 35–37). For example, the collective land ownership of a specific tribe guaranteed that only pastures with sufficient capacities were used each year. The co-ordination between the tribal subgroups ensured a systematic organization of the migration and thus optimal use of natural resources during the *ilrah* (migration).

In view of the social organization and the clearly defined responsibilities of individuals in function, timing and spatial behaviour (Fig. 4) nomads also created political structures and hierarchical responsibilities that seem to fit the environment and its sustainable use. The fact that ecologically relevant decisions such as agricultural and/or pastoral land use rest with either the clan or family points not only to social control by others, but also to the embeddedness of the individual into the interest of *taifeh* (tribe) and *il* (confederation).

3. Bakhtiari society under stress

Since the mid-19th century a social change has taken place in Iran, resulting in general in the disintegration of the nomadic civilization and in particular in that of the Bakhtiari. The development of the Bakhtiari in the 19th and 20th centuries as well as the analysis of their present problems are typical not only for the general situation of mountain nomadism in Iran at large, but also for the more general problem of potentials and constraints of pastoral nomadism and its ecological impacts on the environment. In view of the complexity of the issue, the example of the Bakhtiari nomads demands both a historical reconstruction and a present-day analysis of some of the major factors that are of importance for the delicate balance between a fragile environment and a rapidly changing population and society. It is therefore appropriate to focus first on the historical changes of Bakhtiari nomadism.

3.1. Increase in population

In the 19th century the tribal area of the Bakhtiari formed a closed, almost exclusively nomadic territory (Fig. 5) in contrast to that of other nomad tribes (e.g. Qashqai,

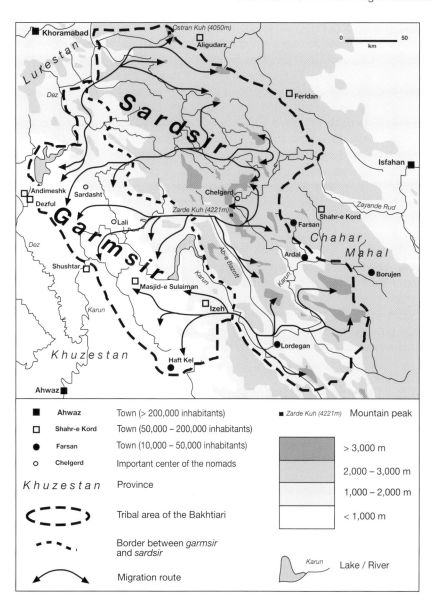

Fig. 5 The tribal area of the Bakhtiari
Das Stammesgebiet der Bakhtiaren

Afshar). In 1909 two thirds of the Bakhtiari population lived as nomads in the western foothills of the Zagros. In the central Zagros the share of settled population was estimated to be below 10 % of the total (Military report ... 1909, 1910). Due to famines (esp. in 1816 and 1865) and epidemics (between 1830 and 1870) as well as the lack of basic medical services, the total population in the Zagros remained relatively stable for centuries. Hygienic conditions and the nutritional situation were generally worse in the villages than for the nomads (DURAND 1902, p. 140; SACKVILLE-WEST 1928, p. 89).

With the improvement of medical services at the end of the 19th century, a rapid increase in population can be registered in the Zagros. Due to their mobility the nomads profited less from the improved conditions than the settled population. It was therefore the latter, living in the peripheries of the Bakhtiari territory, that caused the overall population increase (BARTH 1961, pp. 119–120). During the 20th century an enormous growth lead to an eightfold increase in population up to the end of the 1990s. Besides a growth in the 1920s and 1940s the nomadic population saw a continuous decrease in its number of members. According to a recent survey, the number of Bakhtiari nomads declined to 181,505 people, with 27,172 families in the mid-nineties (Plan and Budget 1998). They represent only a 10 % share of the total population within the original tribal area of the Bakhtiari.

In view of the fact that the settled non-nomadic population showed strong increases and expanded their settlements as well as their agricultural lands, the nomads had to react and to develop new economic alternatives (EHLERS 1980, pp. 318–319). The easiest "solution" seems to have been to switch from a periodical to a permanent use of pastures, even at an ecological risk. Therefore, since the mid 20th century, nomads have increasingly used pastures with poor capacities which had previously only been used periodically or sporadically. Further strategies to cope with their rapidly growing population were migration to urban centres and sedentarization in rural areas.

3.2. Government interventions

The major reason for the reduction of Bakhtiari nomadism was the conflict between tribe and state. The Bakhtiari represented an important military force in Iran up to the 1930s. They controlled the most important trade routes between the Persian Gulf and Isfahan. Furthermore, the Bakhtiari had their own tribal identity, conflicting with a national Persian identity the Iranian government had tried to establish since the beginning of the 20th century. Finally, rich oilfields were located in the *garmsir* of the Bakhtiari territory. These had been acquired by the British since 1905. The Bakhtiari Khans received a small percentage of the profit (GARTHWAITE 1983, pp. 108–110). For economic reasons, the Iranian government was interested in gaining full control and power over oil exploration and extraction.

In view of all this, the imperial leadership of REZA SHAH (1926–1941) and MOHAMAD REZA SHAH (1941 to 1979) undertook several attempts to destroy the livelihood of these and other nomads. In the 1930s the Iranian state definitely smashed the upper levels of the Bakhtiari tribal structures by depriving their khans of power or eliminating them. Although this severely shook the social foundations of nomadism, the tribal functions on the micro-levels *(tireh, oulad)* remained intact. The settlement of nomads enforced at the same time was successful for only a short period and did not lead to the planned disintegration of nomadism.

A second attempt to destroy the social and economic functions of nomadism was initiated by the land reform of the Shah's so-called "White Revolution" in the 1960s. The nationalization of forests and pastures in 1963 resulted in the expansion of farmland into nomadic territories and the increase in rural and urban animal husbandry (EHLERS 1975, 1976, 1980). Traditional collective pastoral rights were replaced by private deeds distributed by the government, usually for 15 years. Nomads who had received fertile pastures enlarged their flocks and made more profit. Those who had obtained ecologically fragile or economically poor grazing areas had to exploit their pastures beyond sustainability. Most importantly, the privatization of collective pastoral property rights and their fragmentation into temporally limited individual users' rights destroyed the collective organization on the micro-level and led to the isolation of the individual nomad. This was probably the death blow for the tribal unity of the Bakhtiari. Moreover, all uncultivated regions became government property by the law of nationalization of pastures and forests. Additional sources of income for the Bakhtiari, such as hunting, charcoal burning and gathering of products from the forest, were now totally forbidden, adding to the hardship of government legislation for the nomads and depriving them of additional sources of income. Nomads who had up to now survived through multi-resource-nomadism were particularly affected (DIGARD & KARIMI 1987, pp. 85–86). Finally, government interference and military enforcement replaced historically grown migration patterns and fragmented the Bakhtiari, as every tribal subgroup has since been carrying out its migration at its own discretion (DE PLANHOL 1969a). The consequences have been chaotic conditions on the migration routes and the destruction of many pastures by over-exploitation.

While the existence of nomads during the Shah era was officially negated, nomadism has experienced a certain increase in social status since the Islamic Revolution (1979). AYATOLLAH KHOMEINI described the nomads as the most oppressed part of society under feudal rule and raised them to the "guardians of the revolution" *(zakhajer-e enqelab)*. Although nomadism experienced a certain revival in the first years after the Islamic Revolution (BECK 1980, p. 18; DIGARD & KARIMI 1987, p. 86) the Islamic Government continued to regard all pastures as government property and pastoral rights are being leased to individual nomads. In addition, in spite of expressions of support by their religious leaders it considers nomadism to be an anachronism, at a time when modernization and compliance with Islam are of prime importance (NUSRAT 1990, p. 32). Although nomads are no longer seen as an anti-governmental power (TAPPER 1994, p. 196–203), the government still sees them as a potential risk factor, since they are difficult to control due to their mobility and life in marginal areas. Additionally, nomadism has an unfavourable reputation in the eye of the Islamic Government, since nomads are not considered to be strictly religious. Finally, today's government regards the pastoral nomads as solely responsible for the ecological crisis in many regions (ABDOLLAHI & CHELEBI 1995, p. 349).

The aim of the government is therefore the gradual and complete sedentarization of all nomads. In contrast to the Shah era, the settlement of the nomads is not to be achieved at once and by forced measures. It is planned to take place voluntarily and to be completed in the next 10 to 20 years (Plan and Budget 1986, Vol. 14). For implementing this task, the *sazman-e omur-e ashayer-e Iran* (Organisation of Nomadic Affairs in Iran) as division of the Ministry of Rural Reconstruction, has been established. Furthermore, in order to gain government influence on the micro-level of the nomadic society, co-operatives have been founded for the economic needs of the nomads and local *shuras* (councils) have replaced tribal organisation.

3.3 Integration into the national economy

The high mountains of the Central Zagros area have not been separated at any time from the outside world. Various trading routes crossed it and the Bakhtiari exchanged goods with the population of Khuzestan and Esfahan. With the population of the oases they traded meat, firewood and dairy products for centuries (CHARDIN 1686, p. 147).

Special importance must be attributed to the role of the Zagros forests as a supplier of charcoal. The deforestation of the Zagros was caused by increasing demands for forest products by a population from outside. An extensive clearing of forests began in the end of the 19th century, when the demand for firewood grew due to the increase in rural and urban population. While the Central Zagros was still being described as a densely wooded area at the end of the 19th century (DURAND 1902, p. 125), fifty years later forests could be found only in remote areas, such as the valleys of Bazoft and the Southern Zagros (GAULT 1944, p. 4).

The development of infrastructure in the mountain areas has been fundamental for the integration of the Zagros into the Iranian national economy. Up to the end of the 19th century the migration routes of the nomads were the only lines of transportation. Since the beginning of the 20th century the British maintained the non-vehicle Lynch Road for caravans from Shushtar to Esfahan. After obtaining the oil concessions and the exploration of the oil-fields in the winter pastoral grounds of the Bakhtiari, the British built a dense road network. National efforts to incorporate the Zagros into the Iranian economy began after 1945. At first, the government efforts were restricted to an improved connection of the winter and summer pastoral grounds to the national infrastructure, and the asphalt road from Esfahan via Izeh to Khuzestan was only completed in the 1990s (MADANIPOUR 1995, p. 210).

The most recent element of the area's integration into the national economy has been the construction of several dams since the 1960s. They kept the precious resource "water" available for year-round irrigation in Khuzestan (EHLERS 1975, pp. 154–224; 1977, pp. 85–97) and in the oasis of Esfahan (DE PLANHOL 1969b, pp. 391 to 396). These dams have seriously damaged the Bakhtiari nomadic way of life, as more than 100,000 hectares of natural pastoral land have been definitely lost.

There is no doubt that road and dam constructions, telecommunication lines as well as urban development have led to an integration of the Bakhtiari region and its people into the national economy. These and other factors have drastically changed the original economy and contributed to its integration into national and even world markets. As a consequence, nomadism is experiencing not only an overall decline in its traditional lifestyle, but also a reduction in its economic significance of livestock breeding (NUSRAT 1990, p. 21). The new position of nomadic modern livestock breeders is intended to relieve the Iranian economy from meat imports. This search for economic autarchy gained importance through the war between Iran and Iraq (1980–1991) and the US economic embargo (since 1987).

4. Challenge and responses

Historical developments and more recent changes led to disintegration of Bakhtiari pastoral nomadism. Adaptation and mitigation strategies have resulted in land-use changes and social transformations to be indicated in the following chapters.

4.1. Changes in the use of resources in the Central Zagros

The enormous population growth that caused the strain on the natural resources of the Central Zagros has continued. Nevertheless, agriculture and livestock economy are still the main sources of income for 80 % of the population. Consequently, agriculture and animal husbandry have been intensified. The number of sheep and goats rose from one to four million over the past 80 years (Plan and Budget 1994a–d). The capacity of the pastures to sustain such numbers have been exceeded at least threefold (NUSRAT 1990, p. 26), and environmental degradation is an obvious result.

Two-thirds of the flocks in the central Zagros at present belong to the settled population, generally former nomads (Plan and Budget 1994a–d). Livestock breeding is no longer the domain of the nomads in the proper sense of the word. The size of flock per nomadic household has increased in the last 30 years and amounts to 68 animals on average in 1998 (Plan and Budget 1998). The composition of the flocks has also tremendously changed. While the flocks of the Bakhtiari nomads consisted mainly of sheep at the beginning of the 1970s, nowadays goats predominate. They are less demanding, as their fodder is obtained from a greater variety of plants. Goats also have the advantage of being able to cover longer distances and to climb trees better in comparison to sheep (MASON 1984, p. 86; RYDER 1984, p. 84). A wider range of fodder plants and the inclusion of new grazing areas have thus increased the extensive degradation of pastoral grounds in the central Zagros. Nutritious foliage and herbs have been replaced by less palatable plants, such as *Astragalus, Acantholemon* or *Acanthophyllum*. These plants are unsuitable for sheep, but are eaten by goats. The pastoral over-exploitation leads to complex degradation of the natural environment, which triggers the desertification of large parts of the Zagros. All nomads complain that the number of floods has increased over the past 20 years, that the quality of the pastures has worsened and that the number of springs has decreased.

Tribal self-responsibility in the management and periodic use of the pastures no longer exists. When the pastures are completely depleted, the lack of fodder is compensated for by additional feeding. While the nomads used no additional fodder twenty years ago, every nomad is now forced to buy annually, for example: for a flock of 70 animals additional rations of 5 t of barley and 3 t of straw during the six-month stay in the *garmsir*. Livestock breeding is nowadays under the control of veterinary personnel. Due to additional feeding and veterinary medicine, improved livestock breeding becomes possible. This results both in a better quality of the flocks and their products and in an improved continuous income for the nomads.

Another aspect of change is the expansion of agriculture. Former nomads transformed pastoral grounds into agricultural areas. The wide valley of Chelgerd, which once was considered to be one of the best pastoral areas in the *sardsir,* is now completely used by irrigated agriculture. In the *garmsir* of Khuzestan the government has revoked the pastoral rights of various nomadic groups and changed their pastoral areas into sugar-cane plantations (EHLERS 1975, 1977). The expansion of agricultural land not only leads to a general reduction in pastoral grounds, but in many cases also results in an intensive cultivation of locations at ecological risks, such as wind erosion, salinization or water-logging.

4.2. Forms of social transformation

The general willingness of the nomads to give up their traditional culture can be explained by worsening ecological and economic conditions. Their way of life has lost its attractiveness. Aside from economic constraints, this is due to an increasing identity crisis as well as to material incentives from outside sources. The loss of political power, the penetration by government authorities, the discrimination against them as well as their social classification as "Stone Age people" led to the nomads' questioning their way of life. Parallel to this identity crisis, the nomads experience that the settled population, which had been socially inferior until the middle of the 20th century, all of a sudden seems to be better off. Villages and towns offer medical supplies and basic hygiene, schools and access to the achievements of the modern consumer society such as education, electricity, television or water pipes.

The changes in Bakhtiari nomadism go in two different directions: In the first, various small steps are taken towards settlement (gradual transition). The second contains a drastic break from nomadic life (radical change). Especially the rich and poor classes of nomadic society tend to settle down: the rich, because they want to participate in the blessings of civilization, the poor, because their economic needs force them to do so (NUSRAT 1990, p. 34–35).

4.2.1. Gradual transition

As a result of the government's interference in their lifestyle, most nomads have erected permanent buildings in their winter or summer pastoral areas. Due to the construction of residential buildings, separation of families occurs. Not only children but also old, frail people often remain in the permanent homes; the cycle of migration is thus performed by a "shrunken family"; the workforce of the children is replaced by that of paid shepherds. Children no longer learn the techniques and the knowledge of their ancestors. Another trend is that nomads who cannot live solely from stock breeding take on labour-intensive casual work to have additional sources of income. The oil fields in the *garmsir* as well as governmental road and house construction offer such possibilities for additional income (MADANIPOUR 1995, p. 217). The Zagros, however, has a strong rural character, so that the possibilities for finding a job outside that sector are very limited (Plan and Budget 1994a, pp. 247 to 264; 1994b, pp. 285–318). If the non-nomadic employment offers sufficient money the nomads take further steps to abandon their mobile mode of life.

Motorization became another cause of gradual change. Since the construction of roads, nomads cover at least part of their migration by car or truck. Therefore, only those groups of the Bakhtiari which have their summer pastoral grounds in the inaccessible areas around the Zardeh Kuh still migrate in the traditional manner. In most other groups only the male adults still migrate with the flock, while the families take the household goods and travel by car or by train. In the southern Zagros, which has developed a better infrastructure, nomads of the Buyer Ahmad and Qashqai often transport their entire flock by truck. This has proved advantageous, as the traditional migration is not only characterized by physical efforts but also by heavy losses of livestock, a general weight loss by livestock, as well as by continual conflicts with the settled population. In addition, motorization accelerates migration from the previous four to six weeks up to one or two days. This has the advantage that they arrive earlier at the pastoral areas than the traditionally migrating nomads, so that they can additionally use the unprotected pastoral grounds of the latter. The disadvantages of motorization cannot be ignored, though: by using motor vehicles the nomads lose their autonomous mobility, since a financial profit must be made before each motorized migration in order to be able to pay the rental or subsequent costs for a car (BECK 1991). Moreover, the shortening of the migration leads to a longer stay in the sardsir and garmsir, so that the pastoral grounds are used 10–20 days longer. This results in a deterioration of the pastures. Nomads, once they have switched to motor vehicles, would rather stop migrating completely and settle down than return to their traditional mode of migration. The reasons for this are the newly gained comfort and the forfeit of the right to use the traditional migration route.

4.2.2. Radical change

The Iranian government supports nomadic settlement with different incentives such as credit or the construction of buildings. These state-induced measures of sedentarization frequently fail because the basic ecological conditions as well as the specific needs and necessities of the nomads are not taken into consideration. From an ecological and economic viewpoint this venture is highly questionable, as only few areas of the Zagros have sufficient natural resources to be used sustainably for agricultural and livestock economy. Settlement at fixed locations reduces the radius of daily pastoral grazing, so that pastures are soon depleted in the vicinity of settlements. In more recent government projects locations are chosen which make short-distance pastoral use possible for the nomads. However, they do not really correspond to the social conditions of the nomads and can be considered as forms of "typical modernist intervention" (MADANIPOUR 1995, p. 218). Mainly impoverished nomads, who see no other chance of economic survival, participate in the settlement programmes of the government.

When nomads voluntarily decide to give up their way of life they usually migrate directly from the pastoral grounds into urban centres. Even the government considers this to be a problem (NUSRAT 1990, p. 19). Young nomads in particular take every opportunity to accept jobs in the cities. The radical change in their traditional kind of civilization is responsible for a growth in population of 10 % on average per year in urban areas. The most impressive example is Shahr-e Kord. Only 20,000 people lived in this city in

Fig. 6 Tent group of Bakhtiari nomads at Kurang (September 1992). These nomads do not participate any longer in the summerly migration to the *sardsir*. Their small flocks are pastured near the camp, male family members work in road construction or in urban employment. The dilapidated status of the tents is an indicator of the improverishment of this nomads (Photo: EHLERS).
Zeltgruppe von Bakhtiari-Nomaden in Kurang/shar-e Kord (September 1992). Diese Nomaden nehmen nicht mehr an der sommerlichen Wanderung in das *sardsir* teil. Ihre kleinen Herden weiden in der Nähe des Zeltplatzes; die Männer der Familie arbeiten im Straßenbau oder in städtischen Beschäftigungsverhältnissen. Der ärmliche Zustand der Zelte ist Ausdruck des Verelendungsprozesses dieser Nomaden (Foto: EHLERS).

Fig. 7 Characteristic elements of traditional nomadism and its disintegration in the Zagros Mountains
Charakteristische Elemente des traditonellen Nomadismus und sein Zerfall im Zagrosgebirge

Element	Traditional nomadism	Disintegration
Kind of civilization	nomadic	half-settled
Economy	multi-resource nomadism	livestock breeding
Settlement	tent	tent and house
Pastoral agriculture		
Property	collective property of the natural resources	private property of the natural resources
Pasture	variety of pastures	limited pastures
Grazing	sustainable	overstraining
Pastoral management	control by the tribal system	no control
Size of the flock	50 animals	60 animals
Livestock	mainly sheep	mainly goats
Fodder	grass, shrubs	use of additional cereal and drugs
Migration		
Transport	by foot	by truck, car, bus, and train
Time of migration	20–30 days	1–10 days
Participants	whole family	partial family and paid shepherds

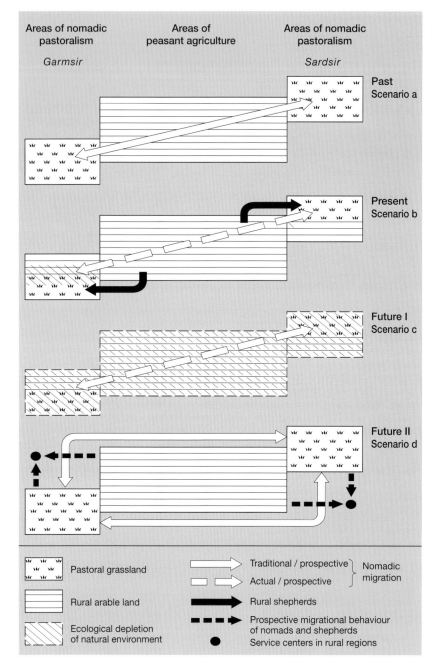

Fig. 8 Past, present and future of pastoral nomadism
Vergangenheit, Gegenwart und Zukunft des Weidenomadismus

the 1960s, while today there are already more than 100,000 inhabitants.

5. Pastoral nomadism and the problem of sustainability in arid high mountains

The analysis of Bakhtiari nomadism and its changes in the 19th and 20th centuries demonstrates the vulnerability of a system which obviously was comparatively self-sustaining as long as it experienced no or little interference from the outside. The overall results of these changes and of the integration policies since 1945 are described in Figure 7 and can be summarized as follows:

- Multi-resource nomadism has come to an end.
- Its replacement by a less flexible economic system is focused on livestock-breeding.
- While mobile animal husbandry still plays an important role, sedentarization of nomadic families and individuals is progressing at high speed.
- Whether economic change and sedentarization will lead to an ecological recovery of the disturbed and overexploited Zagros ecosystems remains to be seen.

Since about 1950 and especially since the Shah's "White Revolution" from the 1960s onwards, symbiosis between nomadic and rural economies have become tighter than ever before. Not only the obvious governmental preference of agriculture versus nomadism, but also Iran's integration into the world economy left less space for nomadism. Land reform led to an expansion of rural agriculture, causing farmers' trespassing on additional nomadic grazing grounds and enforced sedentarization of the nomads (LAMBTON 1969).

Integrative approaches have previously been described by EHLERS (1979), sharing nine different combinations. The general trend is towards agriculture in combination with a kind of transhumance. The question remains whether such a development is desirable, from a cultural as well as from an ecological point of view. By discussing traditional, present and prospective forms of both nomadism and agriculture, problems and potentials of careful and responsible planning become visible (Fig. 8). A schematic presentation of the interrelationship between peasants and nomads and their conflicts over space and time shows, in a very general and idealized sequence, first of all the traditions of the past. They were characterized by a strict dualism, if not antagonism, of peasant and nomad life styles. *Garmsir* and *sardsir* existed as undisputed realms of pastoral nomadism (Scenario a).

The present situation (Scenario b) is characterized by increasing conflicts over space and place between nomads, peasants and urbanites. Reasons for conflict are, for example, population growth differences among nomads and peasants, disputes over land-ownership, or changing norms and values among members of all groups. In the last three decades peasants – most of them former nomads – and urbanites have greatly increased their pressure on pastoral lands by changing them into fields and by using them for their own flocks. The reduction in area of pastoral rangelands, the intensification of its use all the way to degradation and/or abandonment, as well as the severely disturbed interrelationship between migrating nomads and sedentaries are only a few of the consequences. In view of these observations and facts there seem to be only two options for the future development of Iranian mountain nomadism: one of continuing decay, or the other of carefully planned positive development.

Scenario c reflects the collapse of the well-established and historically effective system of highland-lowland interaction with the consequence of a final destruction of both sustainable agriculture and sustainable animal husbandry in *garmsir* as well as *sardsir*. This is the scenario which points to the inevitable fate of rural-nomadic Iran, unless responsible and long-term careful planning for both the rural population and the nomadic pastoralists is initiated immediately and effectively.

Scenario d shows what such a sustainable and viable future for ecologically as well as economically feasible pastoral nomadism could look like. It is based on a strict division between peasant agriculture and nomadic animal husbandry. Infrastructural and organizational preconditions include the further development and provision of service centres for the remaining pastoral nomads and their flocks. It includes the availability of schools, health-care centres and other institutions for them. In addition, a clear legal solution and its application regarding property rights are a necessary requirement, without which all planned changes are doomed to fail.

The privatisation of pastoral rights was the most critical break in the economic system of the nomads. Their return to collective usage rights of the pastures is the necessary basis for reviving the collective strategies of nomadic life, with reference to the considerate use of natural resources (SCHOLZ 1986). It is necessary to revive this socio-economic system in a manner different from that in the past. Thus, nomads could, for instance, share tasks of nature conservation (e.g. planting of trees, melioration of pastures) for which they would be rewarded by the state, along with a combined livestock and productive economy and the gathering of natural products. From an ecological point of view, the decrease in the number of goats and a corresponding increase of sheep is mandatory in order to maintain the fragile nomadic environments.

Fig. 9 How do nomads see their future? During a conference on nomadic perspectives in Shahr-i Kord (Iran, 1992), these models made by the nomads themselves show the present conditions (above) and their expectations for the future (below). Main expectations include adequate housing, electricity, school, medical services and equipment for the processing of milk and milk products as well as access to public transport. Wie sehen die Nomaden ihre Zukunft? Während einer Konferenz über nomadische Perspektiven in Shahr-e-Kord (Iran, 1992) zeigten diese von Nomaden selbst angefertigten Modelle die gegenwärtigen Verhältnisse (oben) und ihre Erwartungen für die Zukunft (unten). Die wichtigsten Erwartungen beziehen sich auf angemessene Unterkunft, Elektrizität, Schulen, medizinische Versorgung, Ausrüstungen zur Verarbeitung von Milch und Milchprodukten sowie Zugang zu öffentlichen Verkehrsmitteln.

The conservation of nomadism, however, may not even have to be the ultimate goal of these endeavours. Its survival is surely not sufficient for regaining the balance between man and the environment. Over-population is the most serious problem. The over-exploitation of the natural resources can only be managed by a decrease in rural population (agriculture and/or animal husbandry) and by creating jobs in the secondary and tertiary sectors. Migration from the periphery to the urban areas is not a solution but a spatial transfer of the problem, as the growth in urban population leads to increasing social-economic conflicts in the major cities.

How does this answer our central questions: Is nomadism dead? Is the close interrelationship between pastoral nomadism and the problem of sustainability in arid high mountains still in existence? In spite of the major role and importance nomadic life-styles still have in Iran, we must concede that SCHOLZ' apodictic statement is probably true under the current conditions: nomads do not have a chance to preserve their traditional ways of life. They acknowledge the necessity of change and modernization of their traditional life-styles. This is not only a result of outside pressure and economic realities. It is also a result of their perception that education, health and other forms of governmental welfare, spiritual needs, etc. are only available in permanent settlements. These observations hold especially true for the younger generations of the Bakhtiari.

References

ABDOLLAHI, M., & M. CHELEBI (1995): Die Sedentarisierung der Nomaden in entwicklungssoziologischer Sicht. Asien Afrika Lateinamerika, **23** (4): 343–354.

ALLAN, N. J. R. (1992): Mountain Environments: An Assessment. GeoJournal, **27** (1): 5–11.

BARTH, F. (1961): Nomads of South Persia. The Basseri Tribe of the Khamseh Confederacy. Oslo.

BECK, L. (1980): Revolutionary Iran and its Tribal Peoples. Middle East Research and Information Project Reports [MERIP-Reports], **87** (May): 14–20.

BECK, L. (1991): Nomad. A Year in the Life of an Qashqa'i Tribesman in Iran. London.

BISHOP, I. (1891) Journeys in Persia and Kurdistan. Including a Summer in the Upper Karun Region and a Visit to the Nestoryan Rayahs. 2 Vols. London.

BLACK-MICHAUD, J. (1986): Sheep and Land. The Economics of Power in a Tribal Society. Cambridge, Paris.

BRADBURD, D. A. (1996): Toward an Understanding of the Economics of Pastoralism: The Balance of Exchange Between Pastoralists and Nonpastoralists in Western Iran, 1815–1975. Human Ecology, **24** (1): 1–38.

CHARDIN, J. (1686): The Travels of Sir John Chardin into Persia and the East Indies; to which is added, the Coronation of this Present King of Persia, Solyman the Third. London.

DE PLANHOL, X. (1969a): L'evolution du nomadisme en Anatolie et en Iran. Etude comparée. In: FÖLDES, L. [Ed.]: Viehwirtschaft und Hirtenkultur. Ethnographische Studien. Budapest, 69–93.

DE PLANHOL, X. (1969b): L'oasis d'Isfahan d'après P. Fehraki. Revue Géographique de l'Est, **9**: 391–396.

DIGARD, J.-P. (1981): Techniques des nomades baxtyari d'Iran. Cambridge.

DIGARD, J.-P., & A. KARIMI (1987): bakhtiariha, farhang paziri wa farhang zodai [The Bakhtiari: Cultural Acceptance and Cultural Origin]. Zakhajer-i enqelab [Guardians of the Revolution], **5**: 78–94.

DURAND, E. R. (1902): An Autumn Tour in Western Persia. Westminster.

EHLERS, E. (1975): Traditionelle und moderne Formen der Landwirtschaft in Iran. Siedlung, Wirtschaft und Agrarsozialstruktur im nördlichen Khuzistan seit dem Ende des 19. Jahrhundert. Marburger Geographische Schriften, **64**.

EHLERS, E. (1976): Bauern – Hirten – Bergnomaden am Alvand Kuh/Westiran. In: UHLIG, H., & E. EHLERS [Eds.]: 40. Deutscher Geographentag Innsbruck, Tagungsbericht und wissenschaftliche Abhandlungen 1975. Wiesbaden, 775–793.

EHLERS, E. (1977): Social and Economic Consequences of Large-scale Irrigation Developments – the Dez Irrigation Project, Khuzestan, Iran. In: WORTHINGTON, E. B. [Ed.]: Arid Land Irrigation in Developing Countries. Environmental Problems and Effects. Oxford, 85–97.

EHLERS, E. (1979): Der Alvand Kuh. Zur Kulturgeographie eines iranischen Hochgebirges und seines Vorlandes. Innsbrucker geographische Studien, **5**: 483–500.

EHLERS, E. (1980): Die Entnomadisierung iranischer Hochgebirge – Entwicklung und Verfall kulturgeographischer Höhengrenzen in vorderasiatischen Hochgebirgen. In: JENTSCH, CH., & H. LIEDTKE [Eds.]: Höhengrenzen in Hochgebirgen. Saarbrücken, 311–325. = Arbeiten aus dem Geogr. Institut der Universität des Saarlandes, **29**.

EHMANN, D. (1975): Bahtiyaren – Persische Bergnomaden im Wandel der Zeit. Wiesbaden.

GARTHWAITE, G. R. (1983): Khans and Shahs. A Documentary Analysis of the Bakhtiari in Iran. Cambridge.

GAULT, C. A. (1944): The Bakhtiari Tribe. Isfahan [FO-371-40181-155-E2917].

LAMBTON, A. K. S. (1969): The Persian Land Reform 1962–1966. Oxford.

LAYARD, A. H. (1887): Early Adventures in Persia, Susiana and Babylonia. Including a Residence Among the Bakhtiari and Other Wild Tribes before the Discovery of Niniveh. London.

MADANIPOUR, A. (1995): Post-war Reconstruction in Southwest Iran: New Settlements or New Identities? In: WATKINS, E. [Ed.]: The Middle Eastern Environment. Cambridge, 209–219, 247. = Selected Papers of the 1995 Conference of the British Society for Middle Eastern Studies.

MASON, I. L. (1984): Goat. In: MASON, I. L. [Ed.]: Evolution of Domesticated Animals. London, New York, 85–99.

Military Report On South-West Persia (1909): Bakhtiari Garmsir. Vol. 1. Simla.

Military Report On South-West Persia (1910): Bakhtiari Country North of Karun River. Vol. 3. Simla.

NADERI, N. A. (1971): The Settlement of Nomads: Its Social and Economic Implications. University of Tehran, Institute for Social Studies and Research.

NUSRAT, A. B. (1990): barnameh-ye rizi tuseh-ye zendegi-ye ashayer az didgah-ye fazai [Development Programme for the Nomadic Life Concerning its Spatial Significance]. In: Sazman-i Omur-i Ashayer-i Iran [Organization of Nomadic Affairs of Iran; Ed.]: majmu'e-ye maghallat-i seminar-estrateji-ye zendegi-ye ashayer [Anthology of the Statements Concerning the Workshop about Strategies of the Nomadic Life]. Teheran, 17–44.

Plan and Budget Organization – Province of Chahar Mahal and Bakhtiari (1986): Tarh-e motalat-e jameh-ye ashayerah [Complete Research about the Nomads]. 23 Vols. Shahr-e Kord.

Plan and Budget Organization – Statistical Centre Of Iran (1994a): amarnameh-ye ostan-e Khuzestan [Statistical Report of the Province of Khuzestan]. Teheran.

Plan and Budget Organization – Statistical Centre Of Iran (1994b): amarnameh-ye ostan Chahar Mahal wa Bakhtiari [Statistical Report of the Province of Chahar Mahal and Bakhtiari]. Teheran.

Plan and Budget Organization – Statistical Centre Of Iran (1994c): amarnameh-ye ostan Luristan [Statistical Report of the Province of Luristan]. Teheran.

Plan and Budget Organization – Statistical Centre Of Iran (1994d): amarnameh-ye ostan Esfahan [Statistical Report of the Province of Isfahan]. Teheran.

Plan and Budget Organization – Statistical Centre Of Iran (1998): Sarshomari-ye ejhtemai-ye eqtesadi-ye ashayer-e kuchandeh [Social-Economical Census of Migrating Nomads]. Teheran.

RYDER, M.L. (1984): Sheep. In: MASON, I.L. [Ed.]: Evolution of Domesticated Animals. London, New York, 63–85.

SACKVILLE-WEST, V. (1928): Twelve Days. An Account of a Journey Across the Bakhtiari Mountains in South-western Persia. London.

SALZMANN, PH. (1972): Multi-Resource nomadism in Iranian Baluchistan. In: IRONS, W., & N. DYSON-HUDSON [Eds.]: Perspectives on nomadism. Leiden, 60–68.

SCHOLZ, F. (1986): Informelle Institutionen versus Entwicklung. Plädoyer für detaillierte empirische Regionalforschung als Grundlage entwicklungsstrategischer Überlegungen und projektbezogener Maßnahmen. Die Erde, **117** (3/4): 285–297.

SCHOLZ, F. (1995): Nomadismus: Theorie und Wandel einer sozio-ökologischen Kulturweise. Stuttgart. = Erdkundliches Wissen, **118**.

SCHOLZ, F. (1999): Nomadismus ist tot. In: Geographische Rundschau, **51**: 248–255.

TAPPER, R. (1979): Pasture and Politics. Economics, Conflict and Ritual Among Shahsevan Nomads of Northwestern Iran. London, New York.

TAPPER, R. (1994): Change, Cognition and Control: The Reconstruction of nomadism in Iran. In: HANN, C.M. [Ed.]: When History Accelerates. London, 188–211.

WINIGER, M. (1992): Gebirge und Hochgebirge. Forschungsentwicklung und -perspektiven. Geographische Rundschau, **44** (7/8): 400–407.

Manuskriptannahme: 20. Dezember 2000

Prof. Dr. ECKART EHLERS, Rheinische Friedrich-Wilhelms-Universität, Institut für Wirtschafts- und Sozialgeographie, Meckenheimer Allee 166, 53115 Bonn
E-Mail: ehlers@joyce.giub.uni-bonn.de

CONRAD SCHETTER, Rheinische Friedrich-Wilhelms-Universität, Zentrum für Entwicklungsforschung (ZEF), Walter-Flex-Straße 3, 53113 Bonn
E-Mail: c.schetter@uni-bonn.de

Vom Fundamentalisten zum Atheisten :

die Dissidentenkarriere des ᶜAbdallāh al-Qaṣīmī ; 1907 – 1996 / JÜRGEN WASELLA. – Gotha : Perthes, 1997. – 265 S. : Abb., Lit. – (Nahost und Nordafrika ; 5) (Zugl.: Bamberg, Univ., Diss., 1997). – ISBN 3-623-00404-9 : 54,– DM ; 51,50 sFr. ; 394,– öS. ; 27,61 €.

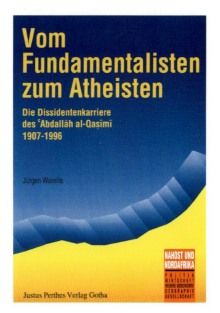

Die unbestreitbare Tatsache, dass das politische und kulturelle Klima der islamischen Welt der Gegenwart in erheblichem Maße von Tendenzen der so genannten Re-Islamisierung gekennzeichnet ist, führt nicht wenige Betrachter der Szene zu einseitigen Urteilen. Es wird allzu leicht übersehen, dass die islamische Geistesgeschichte zu allen Zeiten Ketzer, Zweifler und Dissidenten gekannt hat und dass, was das letzte Drittel des 20. Jh. angeht, die Säkularisten und Dissidenten wohl einige Schlachten verloren haben, aber noch nicht den Krieg – jedenfalls nicht überall bzw. nicht für alle Zeit. Unter diesen Umständen ist eine nähere Beschäftigung mit dem Leben und Wirken jener radikalen Denker angezeigt, die in neuerer Zeit gegen den islamisch-"fundamentalistischen" Strom geschwommen sind. Dabei sind besonders solche Personen von Interesse, die sich aus der scheinbaren Geborgenheit ihrer jeweiligen geistigen Heimat gelöst, zahlreiche Tabus gebrochen und zu mehr oder weniger eigenständigen, auf jeden Fall aber nonkonformistischen Positionen gefunden haben. Der an dieser Stelle notwendige Hinweis, dass es sich jeweils nur um wenige Personen bzw. kleine Gruppen handelt und dass viele ihrer Bestrebungen im Sande verlaufen sind, ändert nichts an der Tatsache, dass das Panorama der intellektuellen Situation des neuzeitlichen Islams ohne diese radikalen Querdenker, Dissidenten und „Ketzer" unvollständig bliebe. – Die vorliegende Publikation von JÜRGEN WASELLA, eine Bamberger islamwissenschaftliche Dissertation, ist einer der interessantesten Figuren des innerislamischen Dissidententums in der Neuzeit gewidmet, genauer: der Entwicklung dieses Mannes vom engagierten Verteidiger der Wahhābiya hin zu radikal-modernistischen Positionen und von da aus zu Auffassungen, die im offen geäußerten Atheismus enden. Es handelt sich um den aus Zentralarabien stammenden, 1996 verstorbenen Autor ᶜAbdallāh al-Qaṣīmī, der in seinen letzten Lebensjahren in Kairo einen kleinen Kreis von Intellektuellen (nicht zuletzt Jemeniten) um sich versammelt hatte. Unter den beachtlichen Leistungen, die JÜRGEN WASELLA im Verlauf seiner Recherchen vollbracht hat, ist wohl die bemerkenswerteste die, Zugang zu diesem geschlossenen Zirkel gefunden zu haben, in dem mit ungewöhnlicher Offenheit über religiöse und andere Fragen gesprochen werden konnte. Vor allem dieser Umstand hat den Autor auch in die Lage versetzt, seiner Arbeit eine Reihe von Fotos und anderen eindrucksvollen Dokumenten beizufügen. (Die auf S. 254 reproduzierte Notiz ist allerdings spiegelbildlich wiedergegeben.) – Die Titel der einzelnen Kapitel lauten: 1. Herkunft und Bildungsweg; 2. Vorkämpfer der Wahhābiya in Ägypten, al-Qaṣīmīs Publizistik der dreißiger Jahre; 3. Die „Vielheit der Identitäten", al-Qaṣīmīs Weg zum Dissidenten; 4. Zwischen allen Stühlen, das ideologische Vakuum (1947 – 1960); 5. Von der Popularität zur Resignation, al-Qaṣīmīs Spätwerk (seit 1963). In einer gut durchdachten „Schlussbetrachtung" fasst der Autor die Ergebnisse seiner – aufgrund der schwierigen Quellenlage mühseligen und langwierigen – Untersuchung geschickt zusammen. Dazu gehört nicht zuletzt die Feststellung, dass Qaṣīmī „nur selten wegen der religionskritischen Inhalte seiner Schriften konkrete Schwierigkeiten mit arabischen Regierungen bekam" (S. 222), wohl aber wegen politischer Konflikte und sich ändernder Konstellationen im Verhältnis arabischer Staaten zueinander. Freilich haben eben diese (inner- oder zwischenstaatlichen) Konflikte gelegentlich auch gewisse Spielräume für Dissidenten wie Qaṣīmī geschaffen. Das ist, wie die arabische ideologische und politisch-kulturelle Szene überhaupt, ein weites Feld. JÜRGEN WASELLA hat einen sehr wertvollen Beitrag zu seiner weiteren Erforschung geliefert.

WERNER ENDE

In Arabiens Wüsten :

ein Christ zieht durch den Vorderen Orient / CHARLES M. DOUGHTY ; Deutsch von IRMHILD und OTTO BRANDSTÄDTER ; hrsg. u. eingeleitet von UWE PFULLMANN. – Berlin : edition ost, 1996. – 396 S. : Abb., Lit. – (Cognoscere ; 10). – ISBN 3-929161-72-9.

Unsere Vorstellungen von fremden Kulturen sind bis heute wesentlich geprägt von Berichten europäischer Entdeckungsreisender, die im 19. Jh. jene Gebiete der Erde durchstreiften, die damals noch als weiße Flecken auf den Landkarten verzeichnet waren. Was diese Entdeckungsreisenden dem gebildeten Bürgertum über die geographischen, kulturellen, politischen und ethnischen Verhältnisse aus den weit entfernten Ländern mitteilten, waren damals die wichtigsten – und für die Forschung heute oftmals die einzigen zeitgenössischen – schriftlichen Quellen über diese außereuropäischen Regionen. Die Motive der Entdeckungsreisenden waren sehr unterschiedlicher Natur, aber in der Regel ein Gemisch aus Neugier, Auftragsforschung und Sendungsbewusstsein, und ihre Reisen waren meistens mit großen persönlichen Entbehrungen und Gefahren verbunden. Großbritannien gehörte damals zu den Kolonialmächten, die diese mutigen Reisenden besonders unterstützten. – Einer der angesehensten Entdeckungsreisenden seiner Zeit war der Brite CHARLES MONTAGUE DOUGHTY. Er war in mehreren Wissenschaftsdisziplinen zu Hause, sprach perfekt Arabisch und durchquerte vom November 1876 bis Juli 1878 allein die Wüsten Arabiens entlang einer Pilgerroute durch den Hedschas bis zur Hafenstadt Dschidda am Roten Meer. Seine mehr als 1000 Seiten umfassenden Aufzeichnungen dieser Reise erschienen 1908 für das breite Publikum in gekürzter Ausgabe als „Wanderings in Arabia", nachdem sie zuvor mit Hilfe der Universität Cambridge als „Travels in Arabia Deserta" in altertümlichem Englisch und durchsetzt von Tausenden arabischer Wörter veröffentlicht worden waren. Den großen Durchbruch erreichte DOUGHTYS Reisebericht jedoch erst 1921 als zweibändige Neuauflage mit einem Vorwort von T.E. LAWRENCE (bekannt als „Lawrence of Arabia"). – DOUGHTY, der nicht zum Islam übertrat, sondern sich auch während seiner Reise immer zum Christentum bekannte, selbst wenn er damit große Gefahren riskierte, beschreibt ein Arabien, das heute so nicht mehr vorzufinden ist. Hundert Jahre nach DOUGHTYS Reise hat das „Schwarze Gold" das Land und seine Menschen völlig verändert. Angesichts klimatisierter Hochhäuser und computergesteuerter Meerwasserentsalzungsanlagen sind die von DOUGHTY facettenreich beschriebenen Beduinen und ihre vom kargen Nomadendasein geprägten Lebensformen heute ebenso dysfunktional wie die von ihm brillant skizzierten alten Lehmpaläste. Deshalb gebührt der Reihe Cognoscere in der edition ost große Anerkennung dafür, dass sie diesen Reisebericht in gelungener Übersetzung und mit einer kenntnisreichen Einleitung von UWE PFULLMANN der deutschen Leserschaft vorstellt. Fazit: ein lesenswertes Geschichtsbuch über eine untergegangene Welt.

GERHARD HECK

Perspektiven regionaler Wirtschaftskooperation im Nahen Osten :

empirische Analyse der Wirtschaftsbeziehungen vor dem Hintergrund einer umfassenden Friedensregelung / von AXEL J. HALBACH und Mitarb. – München ; Köln ; London : Weltforum-Verlag, 1994. – 231 S. : Tab., Lit. – (Ifo-Forschungsberichte Abteilung Entwicklungsländer ; 83). – ISBN 3-8039-0422-6 : 42,– DM.

Der Bericht aus dem Ifo-Institut für Wirtschaftsforschung (München) beschäftigt sich mit den Chancen eines eigenständigen palästinensischen Wirtschaftsgebietes. Er beginnt mit einem Überblick über die bestehenden Kooperationsinstitutionen der Arabischen Liga und einzelner Regionen. Der durch äußere und innere Einflüsse fragmentierte arabische Wirtschaftsraum schuf kleinste Märkte, zwischen denen der regionale Austausch oft stärker behindert wird wie die Importe von den alten und neuen Industriestaaten. Die Grenzen zu Israel sind trotz der Friedensverträge weiterhin fast undurchlässig. – Im empirischen Teil versuchen die Verfasser, aufbauend auf makroökonomischen Daten, das Austauschpotential zwischen der palästinensischen Wirtschaftseinheit, Israel und den arabischen Nachbarstaaten (teilweise einschließlich Saudi-Arabien und Türkei) zu evaluieren. Natürliche Ressourcen und die derzeitige Ausstattung mit Produktivkräften sind wenig günstig: Israel hat die Entstehung einer eigenständigen Produktionsstruktur und solider Absatzbeziehungen in den besetzten Gebieten bislang verhindert, nur für wenige landwirtschaftliche und Dienstleistungsprodukte gibt es Standortvorteile. Tarifäre und nichttarifäre Hemmnisse verhindern ebenso wie die fehlende Infrastruktur die Einbindung Palästinas, das derzeit 95 % seines (Außen-)Handels mit Israel abwickelt, in die regionalen Märkte. Derzeit wickeln die untersuchten Länder ca. 3 % ihres Außenhandels miteinander ab, für Israel selbst ist der Wert praktisch null. Aus umfangreichen warengruppenbezogenen Berechnungen weisen die Verfasser nach, dass ca. 25 % des Handelsaustausches künftig in der Region (einschließlich Israel) zirkulieren könnten. Die Grundfrage, ob aus dem fragmentierten und staatsrechtlich unklaren Gebilde „Palästina" überhaupt ein eigener Wirtschaftsraum werden kann und soll, lassen die Autoren offen. Die Studie untermauert mit nützlichen Daten ihre Forderung nach verbesserter bilateraler und regionaler Kooperation, die nicht nur die Warenproduktion, sondern auch den Austausch von Dienstleistungen (einschließlich Tourismus, mit hohem Potential) umfassen sollte. Zu hoffen ist, dass es nicht allein bei Zahlenspielereien bleibt.

KONRAD SCHLIEPHAKE

Fred Scholz

Oman und die arabischen Scheichtümer am Golf – Herausforderungen an die zukünftige Landesentwicklung

8 Figuren im Text

Oman and the smaller Arab Gulf states – future challenges of the spatial development
Abstract: Progress achieved in infrastructural and economic development, from the formerly Bedouin desert countries to the present oil-producing states of Bahrain, Qatar, Kuwait, Oman and the United Arab Emirates (or smaller gulf states), is by now well known and generally recognized as a major feat. Less attention has been given, however, to the unavoidable internal social and political implications that cannot be overcome by material well-being alone. One may think of the contradictory success story of the educational system, the foot-dragging nationalization of the labour market, the unavoidable processes of social differentiation and political emancipation, or the status of women in its variation from state to state. There are official statistics and statements as well as reports in the media on all these topics. Detailed scientific analyses, critically dealing with, for instance, internal social and political questions and attempting to fathom the depth to which changes have affected the society, are as yet only a few. It is for this reason that the present publication is occupied with a few of these topics, based on observations, interviews and talks made over the last four years, as well as on the long-term knowledge of the author of all five states. For introduction the goals of the official development strategies are presented, against the backdrop of the traditional internal, still valid tribal structures as well as the new political interrelationships that have come into existence.
Keywords: Arab Gulf states, national development, pensioners' state, social transformation, nationalization, social differentiation, Gender studies

Zusammenfassung: Die erzielten Erfolge bei Landesausbau und Wirtschaftsentwicklung der ehemals vorherrschend beduinisch geprägten Wüstenstaaten und heutigen Erdölförderländer Bahrain, Katar, Kuwait, Oman und Vereinigte Arabische Emirate (VAE; insgesamt: „kleine Golfstaaten") sind wohl inzwischen allgemein bekannt und werden als eindrucksvoll anerkannt. Weniger Aufmerksamkeit erfuhren hingegen bislang die internen sozialen und politischen Implikationen, die nicht ausbleiben, nicht vermieden und auch nicht durch Wohlhabenheit übersprungen werden konnten, werden können. Gedacht sei dabei z. B. an die widersprüchlichen Erfolge im Erziehungswesen, die schleppend verlaufende Nationalisierung der Arbeitswelt, die unausbleiblichen sozialen Differenzierungs- und politischen Emanzipationsprozesse oder die von Land zu Land unterschiedliche Stellung der Frauen. Zu diese Themen liegen zwar offizielle Statistiken und Verlautbarungen sowie Medienberichte vor. Detaillierte wissenschaftliche Analysen, die sich z. B. mit internen sozialen und politischen Fragen befassen, kritisch damit auseinandersetzen und den erreichten gesellschaftlichen „Tiefgang" ausloten, gibt es bislang nur wenige. Dennoch wird sich dieser Beitrag mit einigen dieser Themen beschäftigen. Er baut dabei auf Beobachtungen, Interviews und Gesprächen der vergangenen vier Jahre sowie auf langjährigen Erfahrungen des Verfassers in allen fünf Ländern auf. Einführend werden die Ziele der offiziellen Entwicklungsvorstellungen vor dem Hintergrund sowohl der traditionellen internen, noch immer gültigen tribalen Strukturen als auch der inzwischen gewachsenen, neuen politischen Beziehungsgeflechte erörtert.
Schlüsselwörter: Arabische Golfstaaten, Landesentwicklung, Rentierstaat, soziale Transformation, Nationalisierung, soziale Differenzierung, soziale Stellung der Frau

1. Ziele und Ergebnisse der Landesentwicklung

1.1. Hintergründe

Über die Rolle der kleinen Golfstaaten im Zeitalter des Kolonialismus und Imperialismus als bedeutungslose Fischerdörfer (Bahrain, Katar), Piratennester, Vertragsstaaten (VAE) und Handels„imperien" (Oman, Kuwait) liegen aus britischer Feder zahlreiche Studien vor (z. B. Freeth & Windstone 1972, Kelly 1958, Wilson 1928, vgl. auch Scholz 1990). Als sie zwischen 1961 und 1971 ihre staatliche Selbständigkeit erlangten (Oman war nach 1798 de facto bis 1970 britisches Protektorat), zählten sie einerseits zu den rückständigsten Ländern des Südens (z. B. Heard-Bey 1982, Townsend 1977), andererseits zu jenen Staaten der Erde, die über die größten Erdölreserven verfügten (vgl. S. 6–11 in diesem Heft). Mit der politischen Emanzipation der 1960 gegründeten OPEC Anfang der 1970er Jahre und der Nationalisierung der Erdölressourcen sollte sich darin rasch ein Wandel einstellen (Olschewski 1974, Mejcher 1990).

Persischer / Arabischer Golf

Insbesondere die durch hohe Qualität und niedrige Förderkosten des Erdöls begünstigten Golfstaaten profitierten von dem sprunghaften Preisanstieg. Binnen weniger Jahre besaßen sie „Petrodollar"-Reserven, die nicht nur Spekulationen über deren Recycling im Westen veranlassten. Ganz konkret wurden die Verantwortlichen dieser „neureichen" Staaten als solvente und beeinflussbare Kunden, die noch recht unerfahren waren, zu erschließen versucht. Nicht alles, was in den Anfangsjahren angeboten, als notwendig suggeriert und dann auch realisiert wurde, war wohl durchdacht, der Landesentwicklung förderlich und seinen Bewohnern dienlich. Von diesen Anfangsirrungen einmal abgesehen, bestanden dennoch von Anbeginn, soweit nachweisbar (z.B. MORSEY 1978, RAMANI 1973, SAID-ZAHLAN 1979, TOWNSEND 1980, 1985), neben weit gesteckten Zielen doch recht klare Vorstellungen von dem, was mit den Finanzmitteln in der an anderer Stelle (vgl. dazu BÜHLER 1993, GABRIEL 1987, RITTER 1985, SCHLIEPHAKE 1995, SCHOLZ 1975, 1987, 1990, 1993, 1999, SCHWEDLER 1988) analysierten Landesentwicklung und für die Bevölkerung erreicht werden sollte.

1.2. Zielvorstellungen und Ergebnisse

In offiziellen Verlautbarungen und Herrscherreden der ersten Stunde wurde stets betont, dass der Reichtum allen zugute kommen sollte. Der Herrscher von Kuwait, Scheich AHMAD AL SABAH, fasste dieses hehre Ziel folgendermaßen zusammen: *„Allah hat Kuwait durch das Öl viel Reichtum gebracht. Nun wollen wir, nachdem wir bisher sehr arm waren, diesen Reichtum genießen, und jeder Kuwaiti soll daran teilhaben"* (KOCHWASSER 1969). Ähnlich lauteten die Statements in Bahrain, Katar oder auch den VAE. Hier hatte – wie die Errichtung von Geschäfts- und Appartementblöcken in Abu Dhabi sowie die Anlage von Gärten und Wohnkomplexen im Hinterland und deren großzügige Verteilung vermuten lassen – der Herrscher des anfangs einzig Erdöl fördernden Abu Dhabi jedoch wohl zuerst einmal an seine kleine Schar beduinischer Gefolgsleute gedacht (HEARD-BEY 1982). Erst nach der Vereinigung der sieben Scheichtümer im Dezember 1971 konnten auch die übrigen (arabischen) Bewohner der VAE mit dem Segen der Petrodollars rechnen. Und in Oman verkündete der Sultan unmittelbar nach Herrschaftsübernahme (1970), dass seine Politik von den Zielen geleitet sei, ein omanisches Nationalbewusstsein und eine omanische Nation zu schaffen. Erreicht werden sollte dieses Ziel durch Abbau tribal-sozialer Denk- und Handlungsmuster, durch die Überwindung der durch ca. einhundertjährige Isolation (nach 1860) verursachten Rückständigkeit in Infrastruktur, Gesellschaft und Wirtschaft und durch den Aufbau einer Hauptstadtregion bei gleichzeitiger Stärkung und Inwertsetzung des Hinterlandes (SCHLIEPHAKE 1985, SCHOLZ 1990, TOWNSEND 1977).

Später nahmen die Landesentwicklungskonzepte, weitgehend Ergebnis westlicher Berater, in allen fünf

Staat	Bevölkerung [1000]			jährliches Wachstum [%]	
	1978	1988	1998	1978–1988	1988–1998
Bahrain	315	458	592	3,8	2,5
Katar	204	429	568	7,7	2,8
Kuwait	1224	1963	2266	4,8	1,4
Oman	1023	1631	2397	4,8	3,9
VAE	768	1764	2663	8,7	4,2

Fig. 1 Bevölkerungsentwicklung in den kleinen Golfstaaten in den Jahren 1978–1998
Population development in the small Gulf states 1978–1998

Ländern stabile und bei aller Unterschiedlichkeit im Detail doch im Allgemeinen recht ähnliche Strukturen an. Dazu zählten überall in erster Linie kapitalabsorbierende Großprojekte. Im Vordergrund standen der Aufbau von Schwer- und petrochemischen Industriekomplexen, von Flug-, Seehäfen, Trockendocks und Stadien, die Anlage von Experimentier- und Produktionsfarmen, von kombinierten Elektrizitäts-und Wasserentsalzungsaggregaten sowie der infrastrukturelle (funktionale) Ausbau und die städtebauliche (siedlungsmäßige) Entfaltung (GHANEM 1992, SHIBER 1964, SCHOLZ 1999, TOWNSEND 1980, 1985). Insbesondere die Schaffung von Wohnraum musste mit dem Bevölkerungszuwachs Schritt halten (Fig. 1), um die von den Regierungen gefürchtete Bildung von Hüttenvierteln – wie z.B. in Kuwait geschehen (SCHOLZ 1975) – zu vermeiden.

Im Stadtstaat Kuwait entstand z.B. ein nach den Vorstellungen der nordamerikanischen Stadt- und Verkehrsplanung gestalteter mehrkerniger Stadtkomplex (SCHWEDLER 1985). Auf der Insel Bahrain steht ein südliches Erdölgebiet (Jabal Dukhan) einem nördlichen, extrem fragmentierten Siedlungsraum mit Manama als überlegenem Zentrum gegenüber (BÜHLER 1994). Katar ist durch eine räumliche Vierpoligkeit gekennzeichnet: An den halbkreisförmig expandierenden und durch Ringstraßen wohl organisierten Stadtraum von Doha schließen unmittelbar das Leichtindustriegebiet von Al Wukair und weiter südlich der Schwerindustriekomplex von Umm Said an. Im Norden tritt ergänzend das petrochemische Zentrum von Ras Laffan hinzu (RITTER 1985, SCHOLZ & STERN 1999). In den VAE konzentrieren sich fast alle Entwicklungsmaßnahmen auf ein küstennahes *Städteband,* das sich von Ruwais im Westen des Emirates Abu Dhabi bis Ras Al-Khaima im Nordosten erstreckt. Im Hinterland sind außer einigen disjunkt liegenden Farmkomplexen einzig die Oasen Liwa und Al Ain von Bedeutung (MÜLLER-MAHN 1999). In Oman, ein wirklicher, natur- und siedlungsräumlich vielfältig strukturierter Flächenstaat, herrscht funktional und städtebaulich *Hauptstadtdominanz* vor. Die namhaften Oasen im Hinterland (z.B. Nizwa, Sohar, Bahla, Rustaq, Ibri), heute durch neue Wohn- und Gewerbeviertel ausgestattet sowie verkehrs- und kommunikationstechnisch angebunden, treten jedoch hinter Muscat eindeutig zurück (SCHOLZ 1990).

© 2001 Justus Perthes Verlag Gotha GmbH

Die erwähnten Unterschiede und die beobachtbare Individualität äußern sich offenkundig in der jeweiligen Architektur. Sie reicht vom globalen Einheitsstil in Kuwait, Bahrain und Katar über den aus der Konkurrenz zwischen Abu Dhabi und Dubai resultierenden, gewollt mondänen Prunkstil in den VAE bis hin zu dem recht eigenständigen und anmutigen Baustil Omans. Er lehnt sich an die lokalen Vorbilder der für Oman typischen Forts mit ihren Zinnen, Türmen, Torbögen, Dachterrassen und Innenhöfen an.

1.3. Motive

Über die *Motive,* die die autokratischen Herrscher veranlassten, den ihnen regelrecht zugefallenen Reichtum (Erdölrente) in der Landesentwicklung einzusetzen, bedarf es keiner größeren Mutmaßungen. Im Sinne rentierstaatlicher Doktrin (Fig. 2) folgten sie – bei aller Absicherung der eigenen Bedürfnisse – dabei anfangs im Prinzip der tradierten beduinischen/tribalen Grundregel, Anhängerschaft und Loyalität durch Gunsterweise und materielle Geschenke zu sichern und zu bewahren (EICKELMANN 1984, SCHOLZ 1987). Herrschafts- und Einflusssicherung sowie das übergreifende Ziel der Schaffung nationaler Identität bildeten dabei in der Gegenwart die Hauptmotive, die auch von den einflussreichen britischen Beratern geteilt und geschürt wurden. In rentierstaatlicher Manier wurden Geld-, Sach- und Landgeschenke, die Vergabe von lukrativen Ämtern, Posten und Importlizenzen ebenso eingesetzt wie die unzähligen unverdienten Einkommen (IBRAHIM 1982). Als besonders wirkungsvolle Maßnahmen erwiesen sich in allen Ländern die kostenlose Bereitstellung von Behausungen, die Vergabe von Baukrediten (eine Art Mietkauf) und Bauland oder die Übereignung fertig gestellter und vollständig ausgestatteter Häuser, die je nach Empfänger zwischen Reihenhaus mit Garten und Villa mit Park rangieren können. Diese bleiben aber de facto Eigentum des Staates, da grundbuchmäßige Eintragungen nicht vorgenommen werden (vgl. SCHOLZ & MÜLLER 1999).

Bei den Empfängern all dieser „Gaben" handelt es sich um Minister, hohe Beamte, Militärs, (neu ernannte) Scheiche, Kaufleute und Unternehmer ebenso wie z. B. um nominelle Haus- und Leibwächter, Falkner, Fahrer, Dorfvorsteher oder Verantwortliche für Bewässerungsanlagen, Suqs oder Denkmäler. Im rentierstaatlichen Sinne zählen dazu z. B. auch alle Leistungen (der Herrscher) zum Landesaus- und Wohnungsbau, zur Gesundheitsversorgung, zum Bildungswesen, zur Abhaltung von Festen (Nationalfeiertagen), zum Bau von Stadien und (heute) nicht zuletzt z. B. für den Unterhalt von Fußballclubs. Auch der Aufbau der Industrie, ursprünglich einzig Domäne der Herrscher, muss hierzu gezählt werden (Fig. 2).

Die Beobachtungen in den letzten Jahren vermitteln den Eindruck, dass diese rentierstaatlichen Mechanismen – wenn auch inzwischen in differenzierterer Form und trotz funktionierender Verwaltung und Ansätzen zur politischen Partizipation der Bevölkerung – die konstitutiven, strukturellen Elemente der Herrschaft in allen fünf Ländern bilden. Sie prägen die politische und soziale Wirklichkeit dieser Gesellschaften, in denen traditionelle tribale (beduinische) Beziehungsmuster heute in Form von Faktionenbildung, Klientelismus und Patronage fortdauern und sich Erwartungs-/Anspruchs-/Nehmerhaltung im Bewusstsein und Handeln der Bevölkerung fest verankert haben (SCHOLZ 1987, 1888).

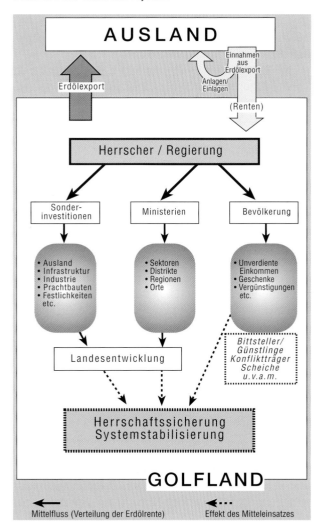

Fig. 2 Rentierstaatliches Verteilungssystem
Pension-state distribution system

2. „Felder" der Herausforderung

Gesellschaften, die binnen weniger Jahre tief greifende Transformation erfahren haben, gebührt Anerkennung, wenn sie nicht im Chaos enden. Den Gesellschaften der kleinen Golfstaaten gebührt diese Anerkennung. Dennoch – wie schon betont – stellten sich auch hier Brüche, Widersprüche, Missverhältnisse und Unzulänglichkeiten ein. Sie werden vor Ort aus unterschiedlichen Motiven (z. B. Unsicherheit, Borniertheit, Überzeugung) nicht immer wahrgenommen, in ihrer gesellschaftlichen oder innenpolitischen Problematik/Brisanz gesehen und als Herausforderung erkannt. Langjährigen Beobachtern jedoch fallen sie auf. Von ihnen werden sie angesprochen. Und dies geschieht nicht aus Voreingenommenheit und Problemsuche an sich. Vielmehr geht es um Art und Tiefe der stattgefundenen Transformation quasi als Indikator für deren Validität und Nachhaltigkeit. Und im Vordergrund steht dabei letztlich die entwicklungspolitisch wesentliche Frage nach Partizipation der Bevölkerung sowie nach der Ernsthaftigkeit der Herrscher, die internen Bedürfnisse ihrer Untertanen konstruktiv zu berücksichtigen. Auf einige dafür relevante Aspekte, hier als „Felder" der Herausforderung bezeichnet, sei im Folgenden eingegangen.

Staat	Alphabetisierungsrate			Einschulungsrate von Mädchen 1990–1995 (Jungen = 100)	
	Erwachsene Bevölkerung [%]		Frauen (Männer = 100) 1995	Grundschule	weiterführende Schulen
	1970	1995			
Bahrain	53	85	89	103	103
Katar	58	79	101	94	103
Kuwait	57	79	91	100	98
Oman	–	59[1]	65[1]	94	91
VAE	54	79	101	96	110

[1] Angabe bezieht sich auf ein anderes Jahr

Fig. 3 Alphabetisierung der erwachsenen Bevölkerung und Einschulungsrate von Mädchen
Literacy of adult population and rate of girls entering school

2.1. Erziehungswesen

Von zögerlichen Anfängen einmal abgesehen, setzte der Aufbau umfassenden Schulwesens in allen fünf Ländern erst nach 1970 ein. Heute steht jedem Jugendlichen wirklich landesweit der Schulbesuch offen. In einigen Ländern ist er sogar Pflicht (Kuwait, Bahrain). Es überrascht daher kaum, wenn die Alphabetisierung der männlichen Jugendlichen fast überall an 100 % heranreicht und die der Mädchen inzwischen nur gering davon abweicht. Selbst die Rate der des Lesens kundigen erwachsenen Bevölkerung liegt heute bei ungefähr 80 % (Fig. 3; SCHOLZ 1999).

Wenn trotz überwiegend positiver Einschätzung das Erziehungswesen hier als eines der Felder der Herausforderung behandelt wird, dann sei auf folgende Beobachtungen verwiesen:

Der Anteil der Absolventen von Schulen und weiterführenden Bildungseinrichtungen, die eine praktische Tätigkeit aufnehmen, ist ebenso gering wie derjenigen, die der Universität zustreben. Ihr Anteil an der Gesamtbevölkerung liegt im Mittel der fünf Länder bei ca. 0,6 %. Damit kann der zukünftige Bedarf an immer höher Qualifizierten auf nationaler Ebene, z.B. in den Bereichen Verwaltung, Informationstechnologie/Datenverarbeitung, Bankwesen, Medizin sowie Forschung und Entwicklung (u.a. Informationstechnologie, Solarenergie, Umweltschutz, Umwelttechnik, Wasserentsalzung, Mineralienexploration), nicht befriedigt werden. Dies sind aber die Bereiche, in denen die Golfstaaten nach Verlautbarungen ihrer Regierungen global „mitmischen" wollen und zukünftige Betätigungsfelder für ihre Erwerbspersonen sehen (vgl. KPMG 1992). Zentrale Ursache für die geringe Zahl hoch Qualifizierter ist die unzureichende Kapazität der lokalen Ausbildungsstätten. Sie wiederum liegt nicht an den aufgewendeten Budgetmitteln. Sie sind angemessen. Doch fließen sie mehrheitlich den „overheads" (Verwaltung, Gebäude, Grünanlagen, Fuhrpark und vor allem der aufwendigen Unterbringung und Verpflegung der Studierenden) und nicht sinnvollerweise in erster Linie der Lehre, der Kapazitätserhöhung oder der Ausweitung des Lehrkörpers zu. Auch mangelt es – nach Aussagen ausländischer Dozenten – an der Einsicht der meisten Studierenden, nicht nur privilegiert zu sein, sondern mit dem Studium auch gesellschaftliche Verantwortung übernehmen zu müssen. Ein Universitätsabschluss dient nämlich (z.B. in Kuwait) nicht primär und einzig als Einstieg in die Berufsrealität. Vielmehr gilt er als verlässliches „Faustpfand" bei der Brautwahl oder als Druckmittel bei der Einmahnung einträglicher Pfründe (unverdiente Einkommen), wie es der rentierstaatlichen Grundgesinnung der Bevölkerung entspricht. Damit ist auf eine Thematik verwiesen, die im Folgenden vertieft werden soll.

2.2. Nationalisierung der Arbeitswelt

Als die Erdölexploration und vor allem die kommerzielle Erdölförderung einsetzten, gab es in den noch rückständigen Golfstaaten schlichtweg keine lokalen Arbeitskräfte. Das galt auch noch, als der Landesausbau einsetzte und die Nachfrage nach einfachen und Bauarbeitern anstieg. Und als in der Folgezeit durch ständige Zunahme der Aufgaben und Tätigkeiten sowie der damit einhergehenden beruflichen Differenzierung der Bedarf an immer höher spezialisierten und qualifizierten Tätigen sprunghaft zunahm, zeigte sich, dass die Golfstaaten ohne Arbeitsmigranten ihre als notwendig erachteten, aber auch ehrgeizigen Entwicklungspläne nicht realisieren konnten (vgl. 2.1).

Die Anwerbung von Arbeitskräften erfolgte in den asiatischen (z.B. Palästina, Indien, Pakistan, Bangladesch, Sri Lanka, Philippinen) und afrikanischen Nachbarländern (z.B. Ägypten, Somalia, Sudan, Tunesien). Mitte der 1970er Jahre stellten die Ausländer (vgl. Fig. 4) in allen Staaten außer Bahrain mehr als die Hälfte der Erwerbspersonen. Mit Abkühlung der „heißen" Bauphase nahm zwar der Bedarf an einfachen Arbeitskräften ab, und es standen z.B. in Oman (dort u.a. Remigranten

Staat	"Non-local"-Arbeitskräfte und ihr Anteil an den Beschäftigten im Jahre							
	1975		1980		1985		1990	
	Anzahl [1000]	Anteil [%]	Anzahl [1000]	Anteil [%]	Anzahl [1000]	Anteil [%]	Anzahl [1000]	Anteil [%]
Bahrain	39	46	78	57	101	58	132	51
Kuwait	218	70	393	78	552	81	731	86
Oman	103	54	171	59	336	69	442	70
Katar	57	83	106	88	157	90	230	92
VAE	234	84	471	90	612	90	805	89

Fig. 4 Ausländische Arbeitskräfte in den kleinen Golfstaaten 1975–1990
Foreign manpower in the small Gulf states 1975–1990

omanischer Abstammung aus Ostafrika, vgl. SCHOLZ 1990) und Bahrain inzwischen auch einheimische Arbeitskräfte zur Verfügung. Doch die Zahl der Ausländer nahm weiterhin zu, und ihr Anteil an der Arbeitswelt erhöhte sich bis 1990 z. B. in Bahrain auf 51 % oder in Katar auf 92 % (Fig. 4). Die „locals" stiegen in die Tätigkeitsfelder, die bisher von Ausländern ausgeführt wurden, nicht ein.

So verblieben der Bausektor und die niederen Dienstleistungen wie bisher völlig in der Hand fast ausschließlich asiatischer Arbeitskräfte (Inder, Pakistaner). In den Suqs z. B. nahm die Präsenz der lokalen Händler trotz Ausweitung ihrer geschäftlichen Aktivitäten absolut und relativ ab. Als Verkäufer fungierten Inder, Pakistaner, Iraner und Libanesen. Auch für Fischerei, Oasenlandwirtschaft und mobile Tierhaltung, originäre Domänen der einheimischen Bevölkerung, wurden Arbeiter an den Golf geholt. Selbst in den besser bezahlten und höher qualifizierten Tätigkeiten (z. B. Bankwesen, Geschäftsführung, Im- und Export, Verwaltung, Bildungs- und Gesundheitswesen) wurden Fremdkräfte eingesetzt: Im Lehrberuf wirkten z. B. vorherrschend Ägypter/Ägypterinnen. Im Suq-Handel, in den Krankenhäusern und im häuslichen Dienstleistungsbereich dominierten Inder (auch Frauen), Pakistaner und Philippinos (auch Frauen), in der Landwirtschaft Afghanen, Bangladescher, Sri-Lanker und Sudanesen. In der Verwaltung fanden neben wenigen Europäern und Amerikanern vor allem Führungskräfte aus arabischen Ländern Einsatz (z. B. Libanon, Palästina, Jordanien, Irak, Tunesien und Ägypten).

Damit erhielt in den Augen der „locals" die Mehrzahl der Tätigkeiten ein ländergebundenes, stigmatisiertes Image *(Ausländerimage)*. Hinweise wie „this is a job for Hindi-men" wurde immer dann verwendet, wenn die „locals" begründen wollten, warum sie bestimmte Tätigkeiten nicht ausführten. In den VAE herrschte in den 1980er Jahren sogar die Auffassung, dass die Staatsbürger nur zur Kontrolle der Ausländer da seien.

Diese Haltung – wie gelegentlich geschehen – als Relikt „sklavenhalterischer Gesinnung" interpretieren zu wollen, hieße die Hintergründe verkennen. Denn selbst solche Berufe wie Arzt, Bankangestellter und Lehrer und/oder auch gefragte und einträgliche Handwerke wie Automechaniker, Elektriker, Schneider oder Gold-/Silberschmied, Anfang der 1970er Jahre noch eine Domäne der Golfbewohner, oder Tätigkeiten im Dienstleistungssektor erfuhren diese Stigmatisierung. Angesehen waren und sind bei den Einheimischen hingegen in erster Linie Tätigkeitsfelder, die der reichtumsbedingten und rentierstaatlich „gezüchteten" Selbsteinschätzung am meisten entsprechen und die unverdiente Einkommen und Sondervergütungen verheißen oder zusichern. Dazu zählen Anstellungen z. B. als Aufseher, Wächter, Falkner, Fahrer oder auch Public-Relation-Officer bei den Herrscherhäusern, der Regierung sowie den Erdöl- und ausländischen Baufirmen. Auch das Betreiben von Suqläden, von Im- und Export-Geschäften sowie das Sponsoring oder (neuerlich) die Führung von staatlich geförderten Handwerks-, Bau- und Taxiunternehmen erfreut sich hoher Wertschätzung.

Es ist nicht einfach, die Ursachen für diese Einstellung der „locals" zur Arbeit zu verstehen. Sie sind struktureller Art und liegen in Vergangenheit und Gegenwart begründet: So wurden zwar zum Beispiel in beduinischen Gesellschaften traditionell alle Tätigkeiten, die nicht beduinischen Tugenden entsprachen (zu den Tugenden zählten z. B. der *ghazu* [= Mut erprobender, räuberischer Überfall], Kamelzucht, Kamelreiten, Jagd und Falknerei), nicht selbst ausgeführt. Verantwortlich dafür waren assoziierte/affiliierte oder Pariagruppen, und nämlich höchst selten Sklaven (SCHOLZ 1981). Daher ist es unangebracht, überhaupt von einer „Sklavenhaltergesinnung" bei den Golfbewohnern zu sprechen und darin die Ursachen für die heutige Arbeitseinstellung zu suchen. Sie sind vielmehr in den folgenden internen Bedingungen zu sehen. In diesem Zusammenhang sei auf die Tatsache der Jahrhunderte währenden extremen Isoliertheit und Rückständigkeit verwiesen. Daraus leiteten sich u. a. die anfänglich mangelnde Eignung der „locals" für harte Handarbeit, das Fehlen von Qualifikationen und Erfahrungen oder die Schwierigkeiten bei der Gewöhnung an kontinuierliche Arbeitszeiten ab. Eine Barriere bildete sicher auch die Tatsache, dass die „locals" nur schwerlich zur Entgegennahme von Arbeitsanweisungen gewillt waren, wenn sie z. B. von einem asiatischen/afrikanischen Vorarbeiter erteilt wurden. Dafür war nicht unwesentlich z. B. die Auffassung des einfachen Golfbewohners, in den Ausländern, die nicht im Heimatland ihren Lebensunterhalt verdienen können, ein untergeordnetes Geschöpf zu sehen. Diese Einstellung wurde auch durch die Bemühungen der Regierungen der Golfregion gefördert, aus den erwähnten innenpolitischen Zielsetzungen nationalstaatliches Bewusstsein zu schaffen. In diesem Sinne förderlich wirkten natürlich auch die Erziehung der einheimischen Bevölkerung zu rentierstaatlichen Pfründenempfängern, die strafrechtliche Ungleichstellung der Arbeitsmigranten oder auch die Tatsache, dass Ausländer stets von einem „sponsor" abhängen, der ihnen Einreise, Arbeitsgenehmigung, Arbeit und Unterkunft besorgt und eine Art Pflegschaft übernimmt. Diese sicher viel komplizierteren Zusammenhänge, die begreiflicherweise elitäres Denken ausbildeten, sowie die klasseninterne Dynamik, die erwähnten sozialen Bewertungsmuster von Tätigkeiten (*stigmatisiertes Ausländerimage;* vgl. 2.3) und die rentierstaatliche Grundlegung des sozialen Ansehens und der materiellen Basis haben ganz offensichtlich eine recht einseitige Einstellung zur Arbeit entstehen lassen. Sie ist bejahend dort, wo Ansehen gesichert ist, traditionelle Wertvorstellungen gewahrt sind und die schon mehrfach betonte Vorteilnahme ohne großen Einsatz möglich ist. Was außerhalb davon liegt, wird den Arbeitsmigranten überlassen.

Wenn diese Arbeitsgesinnung auch heute nicht mehr derart konsequent gültig ist wie in den ersten 15 Jahren nach 1970, so stellt die Überfremdung der Arbeitswelt und ihre sich hinschleppende Nationalisierung ein unvermindert ernstes innenpolitisches Problem dar. Sie wird inzwischen auch als eine zentrale politische Herausforderung empfunden und in den lokalen Medien thematisiert. Es gelang nämlich den Regierungen bislang nicht, die einheimischen Arbeitskräfte, vor allem auch die Jugend, in merklichem Umfang für die Ausübung von Tätigkeiten mit stigmatisiertem Image *(Ausländerimage)* zu mobilisieren, zur Übernahme selbstbestimmter Verantwortung zu veranlassen und zur aktiven, eigengetragenen Teilnahme am Arbeitsprozess zu motivieren. Dieses Ziel muss nach eigener Einschätzung der Regierungen jedoch angestrebt werden, um eine nachhaltige, gesellschaftlich getragene Entwicklung zu erreichen. Nur auf diesem Wege kann die Außenabhängigkeit der Arbeitswelt vermindert und die zwar offiziell nicht eingestandene, aber als hoch einzuschätzende Zahl vor allem arbeitsloser Jugendlicher reduziert werden (vor allem in Bahrain, wo die Jugendarbeitslosen nach Schätzungen bis zu 40 % der jeweiligen Altersgruppe ausmachen). Die Schaffung von Perspektiven für die Jugend stellt eine zwingende Notwendigkeit für die innenpolitische Stabilität der fünf Länder dar.

2.3. Soziale Differenzierung

Die Gesellschaften der kleinen Golfstaaten, traditionell sozial-horizontal in Bezugsgruppen differenziert, waren bis Ende der 1960er Jahre fast noch unberührt von westlichem Einfluss. Sie leiteten sich aus beduinischer Tradition her und folgten noch weitgehend tribalen Organisations- und Wertemustern (Fig. 5). Die intertribale Stellung des einzelnen Stammes basierte letztlich auf mythischer Verklärung der genealogischen Ableitung sowie der realen oder verbrämten Führerschaft und kriegerischen Bedeutung einzelner Stammespersönlichkeiten (Dickson 1972, Dostal 1967, Heard-Bey 1982, Scholz 1981). Und sie fand Ausdruck in *„the conquest or domination by one tribe over the others"* (Ibrahim 1982, S. 151). Die soziale Bezugsgröße des Einzelnen bildete der Stamm. Über seine Position entschieden einzig Alter und Abstammung (Scholz 1987). Die von den Stammesoberhäuptern (Sheikh, pl.: shuyukh) praktizierte Loyalitätssicherung eröffnete den Gefolgsleuten Zugang zu Pfründen, Ämtern und extratribalem (sozialem) Ansehen.

Diese sozialstrukturellen Elemente der Vergangenheit haben in den rentierstaatlichen Golfländern unverkennbar an Bedeutung verloren oder werden in abgewandelter (transformierter) Form funktionalisiert. So bildeten sich infolge maniehafter Herrschaftssicherung und von „oben" gesteuert überall neue, überkommene Stammes- oder Herkunftsbande übergreifende Faktionen, Klientelen und Loyalitätsbünde (z. B. in Oman der Einsatz von regierungsgenehmen Scheichen) heraus. Sie sind Quellen übertribaler Einflussnahme und persönlicher Pfründenabschöpfung (Scholz 1988). Überlagert und durchdrungen von der dominierenden Macht der jeweiligen Herrscherfamilie funktionieren sie in einem Klima hierarchisch struktureller und direkter Abhängigkeit. Auf der Erscheinungsebene äußern sie sich in Luxus, Prachtentfaltung, formaler Offenheit und scheinbar gesellschaftlichem Konsens. Ibrahim (1982, S. 152 ff.) weist darauf hin, dass es sich dabei nicht um das Ergebnis *„of a long historical process of industrial capitalist evolution ..., nor of any indigenous development of productive forces"* handelt, sondern um einen raschen, künstlichen Transformationsvorgang. Er basiert auf plötzlichem Dollarreichtum und der Kontrolle über eine Energieressource, *„on which a far more complex and industrial world depends"* (vgl. Shanneik 1979). Niederschlag findet dieser Transformationsprozess nach Ibrahim (1982) in einer *„society-class"* (nicht *„class society"*), die alle *„natives"* umfasst. *„Direct and indirect policies have enabled most of the natives to financially well-to-do or outright rich. Land grants, real estate speculation, banking, trading in stocks, currency and gold speculation, imports, and investments abroad have become favorite activities of most natives".* Und alle Einheimischen *„have become a distinct class that enjoys high incomes from salaries, profits, rents, returns on investments abroad, and commissions".*

Fig. 5 Traditionelle sozial-horizontale Gliederung der Golfgesellschaften (Modell)
Traditional social-horizontal structuring of the Gulf society (model)

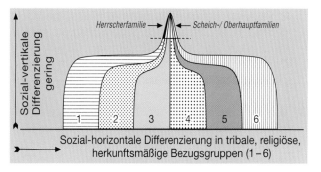

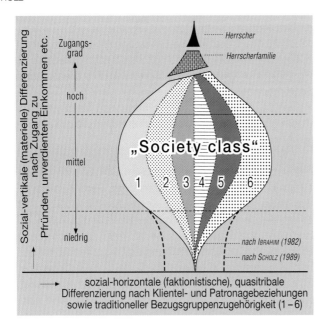
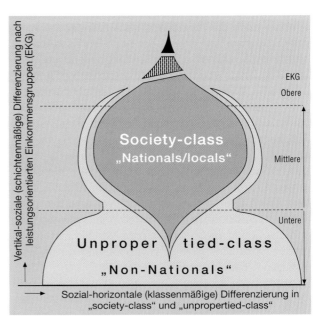

Fig. 6 Heutige sozial-vertikale Differenzierung der lokalen Bevölkerung der Golfstaaten (Modell)
Present-day social-vertical differentiation of the local population of the Gulf states (model)

Fig. 7 Heutige klassen- und schichtenmäßige Fragmentierung der Golfgesellschaften (Modell)
Present-day class and layer fragmentation of the Gulf society (model)

Dieser Auffassung von IBRAHIM ist im Prinzip zuzustimmen. Doch sie bedarf in verschiedener Hinsicht einer Differenzierung:

1. Zum einen dürfen keineswegs die auch in der einheimischen Bevölkerung („locals") bestehenden großen materiellen Unterschiede verkannt werden (SHANNEIK 1979). Sie äußern sich zumindest im Augenblick jedoch nicht – wie in der Mehrzahl der Länder des Südens – in absoluter Armut und absolutem Reichtum oder in Hunger und Überfluss. Vielmehr finden sie Ausdruck im unterschiedlichen Zugang zu Pfründen und Ämtern, Grundstücken und Behausungen, Geschenken der Herrscher und unverdienten Einkommen und damit in der Höhe der finanziellen Selbstbefriedigung. In der lokalen Gesellschaft herrscht heute eine materielle Schichtung (weitgehend) ohne formale, leistungsbezogene Legitimation (Fig. 6).

2. Wenn sich heute absolute Verarmungs- und Ausgrenzungsprozesse nicht nachweisen lassen und möglicherweise noch nicht eingestellt haben, so ist mit dem Gegensatz „absoluter Reichtum" und „relative Armut" doch ein sozialer Hiatus ausgedrückt (SCHOLZ 1994), in dem sich gegenwärtig die soziale Wirklichkeit der kleinen Golfstaaten fassen lässt. Darin deutet sich eine Grundstruktur latent vorhandener sozialer Konflikte an.

3. Von der herrschenden und besitzenden Klasse der lokalen Rentiers („society-class") sind die zahlenmäßig dominierenden ausländischen Arbeitskräfte strikt abgegrenzt (Fig. 7). Obgleich ohne ihren Einsatz in Wirtschaft, Verwaltung und Militär diese Länder wohl nicht funktionierten, sind sie in allen sozialen, ökonomischen und rechtlichen Bereichen benachteiligt und von dem Besitz an Produktionsmitteln ausgeschlossen („unpropertied class"). Anfangs untereinander nach nationaler Zugehörigkeit geschieden, bildeten sich in der „Klasse" der Gastarbeiter allmählich bildungs- und einkommensmäßige Schichten heraus. Sie sind jedoch im Unterschied zu denen der „locals" leistungsmäßig begründet (SCHWEDLER 1985, SCHOLZ 1994, 1999). Es kann sich nach den bisherigen Erfahrungen (und vor allem bei weiteren Misserfolgen bei der Nationalisierung der Arbeitswelt) aber nur um eine Frage der Zeit handeln, bis diese leistungstragende „underclass" – ähnlich wie die Palästinenser in Kuwait – nach mehr Gleichbehandlung verlangt.

Eine derart horizontal (klassenmäßig) und vertikal (schichtenmäßig) differenzierte Gesellschaft ist im doppelten Sinne von sozialen Bruch- und Spannungslinien durchzogen (Fig. 7). Sie bilden ein latentes Konfliktproblem und damit auch eine politische Herausforderung für die Herrscher. Für den langjährigen Beobachter stellt sich dabei die Frage, in welchem Maße diese soziale Situation nicht nur erkannt ist, sondern auch in die Entscheidungsfindung der Verantwortlichen Eingang gefunden hat. Forschungen darüber liegen, wie eingangs schon erwähnt, nicht vor, und die offiziellen Verlautbarungen geben darüber keine verlässliche Auskunft. Doch eröffnen überraschenderweise staatliche Publikationen zur Stellung der Frau in der Golfgesellschaft Einsichten in die Tendenz und Intensität sozialer Wandlungsabsichten (von oben).

2.4. Exkurs: Position der Frau

Aus westlicher Sicht stellt seit einigen Jahrzehnten die Position der Frau in der Gesellschaft einen Gradmesser für deren kulturelle Toleranz, demokratische Offenheit und soziale Durchlässigkeit dar. Wie ist es dazu in den Golfstaaten bestellt?

Mit der traditionellen Rolle der Frau in islamischen Ländern (und damit insbesondere in den Golfstaaten) verknüpft sich eine Vielzahl von Vorstellungen, die mit räumlicher Abgeschiedenheit, Verschleierung/Maskierung, Polygamie, Beschneidung, Ausgeschlossenheit vom öffentlichen Leben, Unmündigkeit u.a.m. assoziiert werden. Wenn diese mehr äußerlichen Merkmale bei großer formaler Vielfalt auch zutreffen mögen, so sagen sie wenig über die tatsächliche ökonomische und soziale Stellung der überwiegenden Mehrzahl der Frauen im familiären Bereich aus. Insbesondere die Frauen in beduinischen/nomadischen Gemeinschaften verfügten über weit reichende Entscheidungs- und Handlungsspielräume, z. B. bei Partnerwahl, Lagerplatzwechsel, Arbeitsteilung, Herdeneigentum oder bei der Verwahrung von Geld, Schmuck, Waffen und Munition. Auch trugen sie Verantwortung für die Sicherheit der Familien in Zeiten der Abwesenheit der Männer, z. B. während der Herdenmigration.

Doch diese traditionelle gesellschaftliche Verantwortung der Frau unterlag auch in den Golfstaaten – und selbst im beduinischen/nomadischen Lebensraum – in den vergangenen drei Jahrzehnten vielfältigem Wandel. Der Frau stellen sich völlig neue Aufgaben und Herausforderungen. Sie werden vor allem durch die modernen elektronischen Medien und Videofilme oder auch durch die Verwendung moderner (Haushalts-) Geräte, westlicher Kleidung, Unterwäsche, Schuhe und Stoffe, Kosmetika, Schmuck, neuer Nahrungsmittel, Möbel und Behausungsformen in ihren – im Prinzip äußerlich noch immer – abgeschirmten, familiären Lebensraum hineingetragen. Die „Botschaft der Moderne" dringt heute unaufhaltsam selbst bis in entlegene Orte. Sie erfasst des Lesens Unkundige, die vor wenigen Jahren noch tagtäglich die Herden zur Weide austrieben. Sie veranlasst selbst Mädchen entlegener beduinischer Lagerplätze zum Schulbesuch oder Frauen, deren Aktionsraum auf den Siedlungsplatz beschränkt war, zu Einkaufsfahrten in die entfernten Suq oder in die Geschäftsviertel der Städte. Auch erfolgen Schwangerschaftskontrolle und Niederkunft in staatlichen Hospitälern, findet Brautwahl zunehmend nach Bildungsstand (Schulabschluss) oder beruflicher Stellung statt und wird der Status der Zweitfrau äußerst kritisch bewertet.

Anfang der achtziger Jahre spielten die Frauen z. B. im Berufsleben noch keine nennenswerte Rolle. In Oman erreichte ihr Anteil gerade 4 % und in Kuwait

Staat	Erwerbspersonen		Anteil an der Bevölkerung [%]					
	absolut [1000] 1996	Wachstum [% p.a.] 1980–1996	insgesamt		Männer		Frauen	
			1980	1996	1980	1996	1980	1996
Bahrain	253	3,9	39,4	45,1	60,3	62,6	10,3	20,3
Katar	308	7,0	45,6	54,4	67,1	72,2	8,1	21,7
Kuwait	656	1,7	36,2	40,5	55,0	49,9	11,1	24,3
Oman	623	3,9	29,8	26,5	51,9	43,3	4,1	8,4
VAE	1126	0,5	53,8	49,4	73,9	67,5	8,8	18,7

Fig. 8 Erwerbspersonen 1980–1996
Earners 1980–1996

11 % (Fig. 8). Bis 1996 hatte sich der Anteil der erwerbstätigen Frauen überall verdoppelt und erreichte in Kuwait, Katar und Bahrain mit 20,3–24,3 % die höchsten Werte. Besonders in den Städten üben immer mehr Frauen einen Beruf aus. Tätig sind sie hier – vereinzelt auch in höheren Positionen – vor allem im staatlichen Bereich (Verwaltung, Schulen, Gesundheitswesen, Ministerien). Doch finden sie zunehmend Zugang auch in den privaten Dienstleistungen (z. B. Reise-, Architektur-, Verwaltungsbüros, Banken, Hotels).

In Oman und in den VAE, wo der Anteil der erwerbstätigen Frauen 1996 die geringsten Werte innerhalb der Golfregion erreichte (8,4 %, 18,7 %), haben sie überraschenderweise die größten Freiheiten. In den VAE bewegen sie sich unverschleiert oder mit reizvollen Halbmasken in Geschäftsvierteln, Restaurants/Hotels, Galerien und an Stränden. Sie fahren allein in Autos, kaufen allein ein, besuchen allein Parties und kleiden sich – bei aller Traditionsverhaftung – sogar nach westlichen Modevorstellungen. Auch stehen ihnen quasi alle Berufe offen. Sie dienen selbst bei Zoll und Militär und gehörten sogar den multinationalen Kosovo-Friedenstruppen an. Während sich diese – bei aller Bescheidenheit – bemerkenswerte Emanzipation hier als interner sozialer Vorgang fassen lässt, ging eine ähnliche Entwicklung in Oman von dem Herrscher Sultan QABOOS BIN SAID AL SAID aus. Er forderte seit den 1970er Jahren nicht nur die Mütter auf, ihre Töchter in die Schule zu schicken, sondern regte ihre Weiterbildung z. B. als Lehrerinnen, Krankenschwestern und Ärztinnen an. Damit schuf er auch lukrative Einkommensmöglichkeiten für Frauen. Und im Gegensatz zu den jungen Männern nahmen die Frauen dieses Angebot auf. Heute stammt die überwiegende Zahl der Lehrerinnen aus Oman, gibt es zahlreiche omanische Ärztinnen und Krankenschwestern, höhere Angestellte in Regierung, Verwaltung und verschiedenen Dienstleistungsbereichen. Auch werden seit einigen Jahren durch das Ministerium für Arbeit und Sozialwesen gezielt Maßnahmen (berufsbezogene Ausbildungszentren, zinsfreie Kredite) zur Eingliederung von Frauen in den Arbeitsmarkt und die private Wirtschaft durchgeführt.

Begünstigt und gefördert wurde diese Entwicklung in Oman durch die Integration der Frauen in die Politik. Ein fast progressiv zu nennender Schritt in diese Richtung wurde im Sommer 1994 unternommen, als erstmalig Frauen aus zunächst sechs Verwaltungsbezirken des Hauptstadtgebietes (Capital Area) das passive Wahlrecht zur *Majlis Ash'Shura* (Beratende Versammlung, Konsultativrat) erhielten. Bei dieser Wahl gelang auch zwei von ihnen der Einzug in diese omanische „Volksvertretung". Bei den Wahlen zum 3. Konsultativrat im November 1997 waren von den 736 Kandidaten immerhin 27 Frauen (4 %).

In den VAE, in Katar und Bahrain hingegen sind Frauen von der Politik offiziell noch immer ausgeschlossen. Sie sind jedoch in Schulen, Universitäten, Clubs, Vereinen und anderen öffentlichen Einrichtungen tätig und nehmen auf diese Weise nicht unbedeutend an der Gestaltung des gesellschaftlichen Lebens teil. In dem streng islamisch gerierenden Kuwait, wo Frauen inzwischen ebenfalls zahlreiche Berufsfelder erschlossen haben und das Bild der Öffentlichkeit wahrnehmbar mitbestimmen, hatten sich die Frauen seit Jahren vergebens um die Einführung wenigstens des aktiven Wahlrechtes bemüht. Am 1. Mai 1999 wurde es endlich eingeführt, und ab 2003 werden Frauen bei Parlamentswahlen selbst für einen Abgeordnetensitz kandidieren können.

Doch diese emanzipatorischen Erfolge können über die Widersprüchlichkeiten nicht hinwegtäuschen, die allenthalben vorhanden sind. Noch immer gibt es die Beschneidung der Frauen (z.B. Oman, VAE) und Polygamie, bestimmt die Kinderzahl über das Ansehen der Frau, werden Masken und Schleier getragen, findet eine strikte Trennung von Frauen und Männern z.B. in den Universitäten und Schulen statt, gehören Frauen in höheren Positionen zur ganz seltenen Ausnahme, wird die Wahl des Ehegatten noch immer von den Eltern bestimmt. Doch der Wandel hat eingesetzt. Familien, in denen Töchter nebeneinander im traditionellen und modernen Sinne aufwachsen, sind häufig. Auch wird bei der Brautwahl zunehmend auf Schulbildung (z.B. Englischkenntnisse) oder Beruf geachtet. Und im Prinzip, so will es scheinen, haben alle Regierungen die Notwendigkeit der Emanzipation der Frau für Familie, Gesellschaft und Berufswelt erkannt.

Fast unberührt von diesen emanzipatorischen Aufbrüchen der Einheimischen sind bislang die Arbeitsmigrantinnen vor allem aus Sri Lanka, Indonesien und den Philippinen geblieben. Sie sind überwiegend als Dienstpersonal in privaten Haushalten tätig. Über ihr Los gibt es zahlreiche, z.T. erschütternde Berichte. Ihre Arbeitszeit beträgt oftmals bis zu 15 Stunden pro Tag. Die meisten von ihnen haben weder einen arbeitsfreien Tag innerhalb der Woche noch wird ihnen der rechtlich zustehende Urlaub gewährt. Wiederholt wird berichtet, dass sie Misshandlungen und sexuellem Missbrauch ausgeliefert sind. Da die Arbeitgeber die Pässe einbehalten, können sie nicht einmal das Haus verlassen.

Diese Ausführungen deuten unmissverständlich darauf hin, dass sozialer Wandel, unabhängig vom erreichten Tiefgang, unumkehrbar und unaufhaltsam ist. Seit Ende der 1960er/Anfang der 1970er Jahre, dem Beginn der „neuen Ära" in allen Golfstaaten, haben sich Veränderungen eingestellt, die aus der von Ungeduld geprägten westlichen Perspektive als zu langsam, allzu gering, vielleicht sogar als unbedeutend erscheinen mögen. Doch sie sind trotzdem geradezu fundamental. Sie stellen eine Herausforderung für die Herrscher dar, deren zukünftige Rolle sicher davon abhängt, wie sie darauf reagieren werden. In Oman wurde mit ersten basisdemokratischen Regelungen (Wahl auch weiblicher Mitglieder zur *Majlis Ash'Shura*) ein entscheidender Schritt vollzogen. In Kuwait sind mit einem gewählten Parlament de jure die Voraussetzungen für politische und gesellschaftliche Partizipation gegeben. In den übrigen Ländern fehlen noch die weise Einsicht wie in Oman oder die organisatorischen Voraussetzungen wie in Kuwait.

3. Schlussbemerkung

Die drei behandelten „Felder" der Herausforderung markieren nur einen Ausschnitt, reflektieren nur eine augenblickliche Situation der gesellschaftlichen Realität der kleinen Golfstaaten. Sie sprechen aber jene Bereiche an, in denen sich ihre zukünftige Entwicklung als augenblicklich gefragte Erdölförderländer entscheiden wird und sich die Regierungen – nach eigenen Einschätzungen – global zu orientieren suchen. Hohe Bildung, dynamischer Arbeitsmarkt und gesellschaftliche Partizipation sind die dafür notwendigen Voraussetzungen.

Literatur

AITCHISON, L. U. (1933): A collection of treaties, engagements and sanads relating to India and neighbouring countries. Kalkutta.

BRAUN, U. (1988): The Gulf Cooperation Councils security role. In: PRIDHAM, B. R. [Ed.]: The Arab Gulf and the Arab World. Beckenham, 252–267.

BÜHLER, CH. (1994): Stand und Perspektiven der wirtschaftlichen Entwicklung Bahrains. Frankfurt a. M. = Europäische Hochschulschriften, Reihe V, Volks- und Betriebswirtschaft, Bd. **1534**.

DICKSON, H. R. P. (1972): The Arab of the desert. A glimpse into Badawin life in Kuweit and Sau'di Arabien. London.

DOSTAL, W. (1967): Die Beduinen in Südarabien. Eine ethnologische Studie zur Kamelhirtenkultur in Arabien. Wien.

EICKELMANN, D. F. (1984): Kings and People: Oman's State Consultative Council. The Middle East Journal, **38**: 51–71.

FREETH, Z., & H. V. F. WINSTONE (1972): Kuwait. Prospect and Reality. London.

GABRIEL, E. F. [Hrsg.] (1987): The Dubai Handbook. Hamburg.

Ghanem, S. M. A. (1992): Industrialization in the United Arab Emirates. Avebury.

Heard-Bey, F. (1982): From Trucial States to United Arab Emirates. London/New York.

Ibrahim, S. E. (1982): The New Arab Social Order. A study of the social impact of oil wealth. London.

Kelly, J. B. (1958): The legal and historical basis of the British position in the Persian Gulf. London. = St. Anthony's Papers, **IV**.

Kochwasser, F. H. (1969): Kuwait. Geschichte, Wesen und Funktion eines modernen arabischen Staates. Tübingen, Basel.

KPMG [Klynveld Peat Marwick Goerdeler] (1992): Investment in Oman. Mutrah.

Mejcher, H. (1990): Die Politik und das Öl im Nahen Osten. Stuttgart.

Morsey, A. M. (1978): United Arab Emirates. A modern history. London.

Müller-Mahn, D. (1999): Vereinigte Arabische Emirate – Bundesstaat mit Wohlstandsgefälle. In: Scholz, F. [Hrsg.]: Die kleinen Golfstaaten. Gotha & Stuttgart, 207–243.

Olschewski, M. (1974): Die OPEC – Erfolg der Förderländer durch kollektive Aktion. In: Elsenhans, H. [Hrsg.]: Erdöl für Europa. Hamburg, 132–155.

Ramani, S. A. (1973): Economics and political evolution in the Arabian Gulf States. New York.

Ritter, W. (1985): Qatar – Ein arabisches Erdölemirat. Nürnberger Wirtschafts- u. Sozialgeographische Arbeiten, **38**.

Said-Zahlan, R. (1979): The Creation of Qatar. London.

Schliephake, K. (1985): Industrial planning and new industrial towns in Saudi Arabia, Qatar and Oman. Nürnberger Wirtschafts- u. Sozialgeographische Arbeiten, **37**.

Scholz, F. (1975): Seßhaftwerdung von Beduinen in Kuwait. Erdkunde, **29** (3): 223–234.

Scholz, F. [Hrsg.] (1981): Beduinen im Zeichen des Erdöls. Wiesbaden.

Scholz, F. (1987): Nomaden und Erdöl. Über die Lage und Rolle der Beduinen in den Erdölförderländern der Arabischen Halbinsel. Geogr. Rdsch., **39** (7/8): 395–401.

Scholz, F. (1988): Siedlungsausbau und Faktionenbildung im Emirat Dubai, VAE. Die Welt des Islam, **28**: 521–553.

Scholz, F. (1990): Muskat. Sultanat Oman. Geographische Skizze einer einmaligen arabischen Stadt. Berlin.

Scholz, F. (1993): Die Scheichtümer am Arabischen Golf. Geogr. Rdsch., **45** (1): 24–31.

Scholz, F. (1994): Städtische Armut in den Erdölförderländern der Golfregion. „Capital Area" von Oman als Beispiel. Geogr. Ztschr., **82** (1): 47–62.

Scholz, F. [Hrsg.] (1999): Die kleinen Golfstaaten. Gotha & Stuttgart.

Scholz, F., & R. Müller (1999): Dreißig Jahre erdölfördernde „kleine Golfstaaten". Wie nachhaltig ist die beispiellose Entwicklung. Geogr. Rdsch., (11): 605–612.

Scholz, F., & W. Stern (1999): Qatar – Wüstenstaat mit industrieller Zukunft? In: Scholz, F. [Hrsg.]: Die kleinen Golfstaaten. Gotha & Stuttgart, 182–206.

Schwedler, H.-U. (1985): Arbeitskräftewanderung und räumliche Segregation. Eine sozialgeographische Studie über urbanen Wandel und Arbeitsmigration, dargestellt am Beispiel des Emirats Kuwait. Berlin.

Shanneik, G. (1979): Ölreichtum und sozialer Wandel – das Beispiel Kuwait. Orient, **3**: 25–48.

Shiber, S. G. (1964): The Kuwait urbanization. Kuwait.

Statistisches Bundesamt [Hrsg.]: Länderbericht Katar (1994), Kuwait (1994), Oman (1995), Vereinigte Arabische Emirate (1995). Wiesbaden.

The World's Women 1995 (1995). Trends and Statistics. New York.

Townsend, J. (1977): Oman. The making of the modern state. London.

Townsend, J. (1980): Problems confronting the establishment of a heavy industrial base in the Arab Gulf. In: Niblock, T. [Ed.]: Social and economic development in the Arab Gulf. London, 95–100.

Townsend, J. (1985): Industrialisierung am Golf. Strategien, Chancen, Probleme. In: Scholz, F. [Hrsg.]: Die Golfstaaten – Wirtschaftsmacht im Krisenherd. Braunschweig, 236–248.

UN-ECWA (1980): Survey of economic and social Developments in the ECWA Region 1980. New York.

UN-ESCWA (1994): Survey of economic and social Developments in the ESCWA Region 1994. New York.

UN-ESCWA (1999): Region 1998–1999. New York.

UNICEF (1993): Situation Analysis of Women and Children in the Sultanate of Oman. Muscat.

UNICEF (1998): Ernährung und Gesundheit. Zur Situation der Kinder 1998. Frankfurt.

UNDP (1998): Human Development Report 1998. New York, Oxford.

Wartenstein, H. (2000): Goldküste. Geo Special, 79–91.

Wilson, A. T. (1928): The Persian Gulf. A historical sketch from the earliest times to the Beginning of the Twentieth Century. London.

Manuskriptannahme: 20. Dezember 2000

Prof. Dr. Fred Scholz, Freie Universität Berlin, FB Geowissenschaften, Zentrum für Entwicklungsländer-Forschung Malteserstraße 74–100, Haus K, 12249 Berlin
E-Mail: Scholz@geog.fu-berlin.de

Arktis: Landeskunde der Insel Jan Mayen und Gletscherabschmelzung in Westgrönland

Als 134. Bericht zur „Geographie und Erforschung der Polar-Regionen" veröffentlichte PGM im Jahre 1878 einen Bericht von Dr. H. MOHN mit beigegebener Originalkarte über *„Die Reise der Norwegischen Nordmeer-Expedition nach Jan Mayen"* (PGM 1878, S. 228–235), welche ab dem 28. Juli 1877 über etwa zwei Wochen von ihrem Dampfer unter Kapitän C. WILLE Tiefen lotete sowie die Küsten und auf mehreren Landgängen das Innere der Insel durch verschiedene Fachgelehrte erkundete. Die hierüber in PGM veröffentlichten Ergebnisse bilden bis zum heutigen Tage den Grundstock der (deutschen) Lexikaeinträge über diese Insel.

Während bei der Kartenkonstruktion ausschließlich die eigenen astronomischen Ortsbestimmungen verwendet wurden und dabei insbesondere der südwestliche Inselkern breiter und kürzer als auf der sechs Jahrzehnte alten ersten Karte von WILLIAM SCORESBY ausfiel, erfolgte die Umrisszeichnung der Insel sowie der Tiefenlotungen auf der Grundlage eigener Beobachtungen sowie des älteren Materials durch Kapitän WILLE (Fig. 2).

Die rund 540 km nordöstlich von Island dem Nordatlantischen Rücken zwischen dem europäischen Nordmeer und der Grönlandsee auf 71° N und 8° 30' W aufsitzende Insel Jan Mayen wurde endgültig im Jahre 1607 vom britische Seefahrer HENRY HUDSON (1550–1611) auf dem ersten seiner vier Vorstöße zur Auffindung einer Nordumfahrung Asiens oder Nordamerikas auf dem Wege nach China entdeckt und sieben Jahre später nach dem in den hiesigen Gewässern jagenden holländischen Walfänger JAN JACOBZOON MAY benannt. Dieser in früheren Zeiten gelegentliche Wal- und Seehundfängerstützpunkt, der infolge seiner vorherrschenden Steilküsten keinen guten Hafenplatz aufweist, wurde erst im Jahre 1929 von Norwegen annektiert.

Das etwa 380 km² große jungvulkanische und bei nur 16 km größter Breite über 53 km lang gestreckte Eiland mit zwei Inselkernen aus Lava und Tuff, welche durch eine nur bis 66 m hohe schmale Landbrücke miteinander verbunden sind, wird dominiert vom 2277 m hohen Schildvulkan Beerenberg (von der norwegischen Expedition 1877 von See aus nur auf 1943 m gepeilt) und einer Reihe kleiner Nebenkrater, dessen knapp 1400 m weiter und 200 m tiefer Gipfelkrater in vulkanischen Ruhephasen stets mit Eis gefüllt ist. Mit 117 km² oder rund einem Drittel der Inselfläche sind die Flanken des Beerenberges bis hinab auf 700 m über NN vergletschert, wobei das Eis in mehreren Zungen auch bis zum Meer hinab vorstößt. Im subarktisch-feuchten Klima mit einer Jahresmitteltemperatur von –0,5 °C finden sich auf dieser nördlichsten echten ozeanischen Insel des Atlantikbeckens nur etwa 50 höhere Pflanzenarten und in der Fauna neben dem Polarfuchs nur mächtige Seevogelkolonien

Gerade vor dem Hintergrund der laufenden Diskussion um die Folgen der durch Treibhausgase ausgelösten globalen Klimaerwärmung für die Polgebiete erscheint ein anderer, auch bereits hundert Jahre alter kleiner Bericht in PGM von verblüffender Aktualität: Im Jahre 1903 veröffentlichte der Kopenhagener Privatdozent Dr. M. C. ENGELL einen Aufsatz *„Über die Schwankungen des Jakobshavns-Gletschers"* (PGM 1903, S. 121–123) mit einer selbst entworfenen Karte dieses einzigen bereits in der zweiten Hälfte des 19. Jahrhunderts regelmäßig besuchten und genau beschriebenen Grönlandgletschers mit seiner Zungenfront zum Jakobshavn-Eisfjord (Fig. 1).

Grönland, mit rund 2650 km Länge und bis 1050 km Breite die größte Insel der Erde, ist zu etwa 85 % von ewigem Eis bedeckt, wel-

Fig. 1 Verkleinerter Ausschnitt der von M. C. ENGELL entworfenen „Karte von Jakobshavns-Eisfjord und die Gletscherveränderungen" im Maßstab 1 : 200 000 mit Höhenangaben in Metern (PGM 1903, Tafel 11)

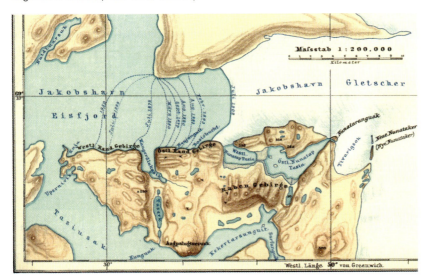

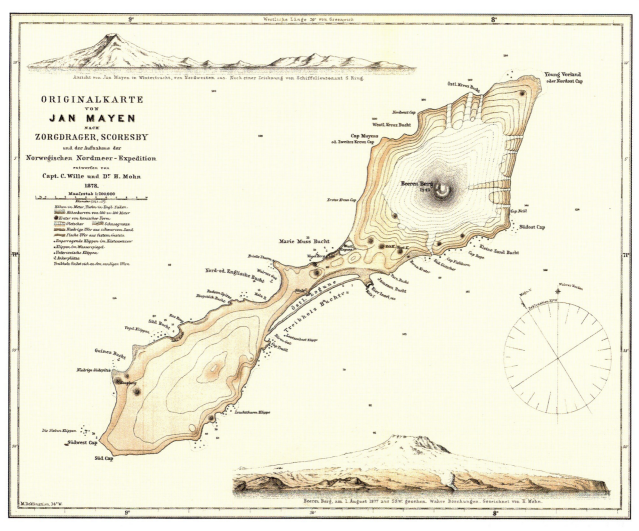

Fig. 2 Verkleinerter Ausschnitt der unter Anleitung von A. Petermann entstandenen „Originalkarte von Jan Mayen" im Maßstab 1 : 200 000 nach verschiedenen Aufnahmen sowie einer Winteransicht aus Nordwest (oben) und einer Sommeransicht aus Südsüdwest (unten; PGM 1878, Tafel 13)

ches als größter Eiskörper der Nordhalbkugel im Innern bis zu 3 000 m Mächtigkeit erreichen kann. Zu den in diesem polaren Klimaregime mit selbst im Sommer niedrigen Monatsmitteln von unter 10 °C mächtigsten Gletschern zählt auch derjenige bei der im Jahre 1741 angelegten Siedlung Jakobshavn (grönländisch: Ilulissat) auf 69° 30' N an der Diskobucht an der mittleren Westküste.

Aus den von Engell ausgewerteten früheren Gletscherbeschreibungen ging hervor, dass der Jakobshavn-Gletscher seit seiner ersten wissenschaftlichen Beobachtung im Jahre 1851 in einer damals bereits fünfzigjährigen Beobachtungsreihe durch verschiedene Besucher (Rink 1851, Helland 1875, Hammer 1879–1980, von Drygalski 1891 und 1893, Engell 1902) bis zur Jahrhundertwende im stetigen Rückzug begriffen war. Das auf Engells Karte gleichfalls verzeichnete scheinbare zwischenzeitliche Voranschreiten im Juli 1888 durch eine Kartenskizze des Arztes S. Hansen konnte der Privatdozent aufgrund einer von diesem Arzt selbst stammenden Photographie als auf Grund gelaufenes Randeis mit eingestreuten Eisbergen identifizieren.

Neben dem Rückzug des Gletschers konnte Engell auch dessen Oberflächenabsenkung um ca. 6 bis 7 m feststellen, wodurch etwa auch die beiden neuen Nunatakker am Ostrand des Kartenausschnitts bloßgelegt worden waren. Den Gletscherrückgang belegten auch Höhenmessungen der durch die Eismassen abgeschnittenen beiden Gletscherseen westlicher und östlicher Nunatap Tasia, deren Oberflächen aufgrund sichtbarer Ufer- und Vegetationslinien von einstmals 50 m auf nurmehr 11 bzw. 19 m über dem Meeresspiegel abgesunken waren. Seit etwa 1920 bewirkte dann die Zunahme der Temperaturen von Meer und Atmosphäre entlang der Westküste eine Nordabwanderung der Robben (die Hauptjagdbeute der Grönländer) bei einer Zuwanderung riesiger Dorschmengen, was zu einem grundlegenden sozioökonomischen Wandel von Jägern zu Fischern mit Konzentration auf wenige Hafensiedlungen führte.

Imre J. Demhardt, TU Darmstadt

Ein Ruhrgebiet ohne Wasser? Industrieräume am Golf

Konrad Schliephake

8 Figuren im Text

A Ruhr Valley without water? Industrial locations in the Arab Gulf shore
Abstract: The industrial development of the GCC states on the Gulf shore may be compared with the German Ruhr Valley 100 years earlier: An abundance of energy resources difficult (and expensive, respectively) to transport attracts manpower, capital and technologies from industrialized and southern Asian countries. Nowhere in the world are there so much combined oil and gas reserves (31 % of total world resources in GCC countries) at such low prices (11 US-$/t as compared with 130 US-$/t for Ruhr coal), and notably gas has to be valorized locally. – Petrochemical plants along the Gulf shore transform gas into nitrogenous fertilizer and a multitude of plastic materials. Saudi Arabia's SABIC alone currently produces 5.1 billion's US-$ worth of chemicals, and it is estimated that the GCC states today are responsible for 3–6 % of the world petrochemical production. Other energy-intensive industries include aluminium smelters which find their optimal locations in Bahrain and Dubai. – Although ecological and social problems deriving from the regional and world-wide shift in productive capacities and manpower cannot be negated, the new industries look into a bright future. The Gulf area will still host sufficient oil at a time when the "energy crisis" will threaten to stop production in the old industrial countries.
Keywords: Persian/Arabian Gulf, energy reserves, petrochemical industries, global shift, manpower

Zusammenfassung: Die industrielle Entwicklung der Staaten des Golf-Kooperationsrates (GCC) kann verglichen werden mit der des Ruhrgebiets vor 100 Jahren: Ein Überschuss an energetischen Ressourcen, deren Transport schwierig bzw. teuer ist, zieht Arbeitskräfte, Kapital und Technologie aus industrialisierten und südasiatischen Staaten an. Nirgendwo in der Welt gibt es so große Erdöl- und Erdgasreserven (31 % der Weltreserven in den GCC-Staaten) zu so niedrigen Produktionskosten (11 US-$, zu vergleichen mit 130 US-$/t für Ruhrkohle), wobei das Erdgas vor Ort verarbeitet werden muss. Petrochemische Anlagen an der Golfküste wandeln Erdgas um in Stickstoffdünger und eine Vielzahl von Plastikrohstoffen. Allein die Saudi Arabian Basic Industries produziert jährlich Chemikalien im Wert von 5,1 Mrd. US-$, alle GCC-Staaten sind schätzungsweise verantwortlich für 3 % bis 6 % der Weltproduktion bestimmter petrochemischer Warengruppen. Zu weiteren energieintensiven Anlagen gehören Aluminiumhütten in Bahrain und Dubai. Auch wenn die ökologischen und sozialen Probleme, die eine weltweite Verlagerung von Produktionskapazitäten und Arbeitskräften auslösen, nicht zu übersehen sind, schauen die neuen Betriebe in eine gute Zukunft. Am Golf wird es immer noch ausreichend Erdöl und Erdgas in einer Zeit geben, in der die kommende „Energiekrise" energieintensive Produktionen in den alten Industriestaaten zum Stillstand bringt.
Schlüsselwörter: Persischer/Arabischer Golf, Welt-Energiereserven, petrochemische Industrie, Verlagerung von Industriestandorten, Arbeitskräfte

1. Einleitung

Als der arabische Wissenschaftler Atef Kubursi 1986 die neuen Industriestandorte am Golf als „Ruhrgebiet ohne Wasser" bezeichnete, reagierte die deutsche Forschung kaum darauf, obwohl sie sich geehrt hätte fühlen müssen. Gab es nicht eine Fülle von Parallelen, wie Figur 1 unter Nutzung des Abc der Produktionsfaktoren aufzeigen könnte?

Zu den Gemeinsamkeiten gehört die Auslösung der Entwicklung durch einen einzigen energetischen Rohstoff, gelegen in der Nähe wichtiger nationaler (Rhein) bzw. internationaler (Weltmeere) Verkehrswege. Die übrigen Faktoren (außer Fläche) werden ausschließlich von außen zugeführt, seien es die Arbeitskräfte oder das Kapital. Als Unterschied ist die Internationalisierung der Kapitalherkunft, des Technologietransfers (ohne ausreichende Weiterentwicklung in den Golfstaaten) und der Absatzwege zu nennen. Das Beispiel der industriellen Standorte auf der arabischen Seite des Golfs und insbesondere in Saudi-Arabien soll diesen Ansatz vertiefen (vgl. Schliephake 1997, Barth & Schliephake 1998).

2. Kohlenwasserstoffe als Auslöser der Industrialisierung

Was für das Ruhrgebiet die ca. 20 Mrd. t Steinkohlenreserven waren (entspricht ca. 13,5 Mrd. t Erdöläquivalente), sind für Saudi-Arabien die Reserven von mehr

Persischer / Arabischer Golf

Produktionsfaktor	Ruhrgebiet (Deutschland)	Golfküste (Saudi-Arabien)
Arbeit – Quantität	Zuwanderung von Arbeitskräften aus peripheren Räumen und Ausland	ursprünglich Zuwanderung aus Ausland (arabische Länder, Südasien), heute zunehmend aus ländlichen Räumen Saudi-Arabiens
Arbeit – Qualität (Know-how)	Zuwanderung von Ingenieuren aus dem Ausland (GB), Aufbau eigener wissenschaftlicher Ausbildung	Know-how vom Weltmarkt / multinationale Unternehmen, vorerst zu wenig eigene technische Ausbildung
Boden – Fläche	Umwidmung von ursprünglich landwirtschaftlichen Flächen	Fläche außerhalb der Siedlungen in Staatshand, praktisch kostenlos an Industrieunternehmen
Boden – Rohstoff	energetischer Rohstoff Kohle lokal zu verarbeiten (Transportkostenersparnis)	energetischer Rohstoff Erdgas nur lokal bzw. national zu verarbeiten (überseeische Transporte teuer / gefährlich)
Kapital – Finanzmittel	Kapitalherkunft von frühindustriellen Rentiers und Reparationen Deutsch-Französischer Krieg 1871/1875	Kapitalherkunft aus Erdölexport (Petrodollars)
Kapital – Maschinen	Übernahme europäischer Erfindungen wie Dampfmaschine, Kokshochofen, Verhüttungsmethoden, daneben eigene Entwicklungen	Einkauf modernster Technologie auf Weltmarkt, z.T. durch Joint Ventures mit internationalen Unternehmen, vorerst keine eigenständige Weiterentwicklung
Absatz	national, später Europa	von Anfang an global, weltmarktorientiert

Fig. 1 Faktoren der industriellen Entwicklung. Ruhrgebiet und Erdölförderländer am Golf (Beispiel: saudi-arabische Golfküste) im Vergleich
Economic factors of industrial development. A comparison between the Ruhr Valley (Germany) and the Arab Gulf states

als 35 Mrd. t Erdöl. Während andere, billigere Produzenten mit der Zeit der Ruhrkohle den Rang abliefen (und vor allem das billige Erdöl die Kohleförderung immer unrentabler machte) und die heimische Kohle selbst in Deutschland gerade noch 60 % des Kohleverbrauchs von 70 Mio. t/a und 8 % des Gesamtenergieverbrauches deckt, haben die flüssigen und gasförmigen Kohlenwasserstoffe des Golfs eine weltweit einmalige Position. Das drückt sich monetär dadurch aus, dass die Produktionskosten bei deutscher Steinkohle 1998 bei durchschnittlich 130 € / t lagen und der Steinkohlenbergbau mit 5,3 Mrd. € subventioniert wurde (nach www.mining.technology.com). So vermerkt BGR (1998), dass angesichts der hohen Gewinnungskosten der deutschen Steinkohle der in Figur 2 enthaltene Wert von 22 Mrd. t Steinkohleneinheiten (SKE) kaum als „echte Reserve" (eher als Ressource) anzusehen ist. Daher muss die günstige Position Deutschlands (und des Ruhrgebietes mit 80 % der deutschen Vorräte) relativiert werden. Es ist davon auszugehen, dass im Jahr 2005 70 % der in Deutschland verbrauchten Energie importiert werden müssen – 1998 waren es 65 %. Auf der arabischen Seite des Golfs liegen dagegen die Produktionskosten pro Barrel (Fass) Erdöl bei 1,5 US-$ bzw. bei ca. 12 € / t (nach www.eia.doe.gov). Unter dem Schutz der weltweit niedrigsten Erzeugerpreise kann sich nun eine energieintensive Industrie entfalten und die Rolle übernehmen, die sie vor 100 Jahren in europäischen Kohlenbergbauregionen innehatte.

In Figur 2 wird leicht übersehen, dass für die lokale Energieversorgung im Allgemeinen und den industriellen Entwicklungsprozess am Golf im Besonderen das Erdgas der eigentliche Rohstoff ist. Zu unterscheiden ist dabei zwischen:

- assoziiertem Gas, das dem unter Druck stehenden Erdöl bei Austritt entweicht (ca. 300 m³/t) und als „Feuchtgas" bis Ende der 1970er Jahre beseitigt wurde, und

Fig. 2 Saudi-Arabien: fossile Energiereserven im weltweiten Vergleich
Saudi Arabia: fossil energy reserves in world-wide comparison

Energieträger [Mrd. t SKE][1]	Staat bzw. Gebiet				
	Saudi-Arabien	übrige GCC-Staaten	Deutschland	„Rest der Welt"	zusammen[2]
Erdöl[3]	53,8	45,0	0,05	128,2	227
Erdgas[3]	6,8	20,0	0,4	152,8	180
Steinkohle	0	0	22,0	456,0	487
Braunkohle	0	0	13,0	58,0	71
Insgesamt	*60,6*	*65,0*	*35,5*	*803,9*	*965*
Anteil [%]	6,3	6,7	3,7	83,3	100

[1] 1 t SKE = 0,67 t Erdöl = 3 t Braunkohle = 850 m³ Erdgas
[2] nach BGR 1998 (für 1987 z.T. abweichende Werte in Arab Oil and Gas Directory 1999), siehe www.bgr.de
[3] ohne nichtkonventionelle Vorkommen (insbesondere Schweröle und Ölsande mit 205 Mrd. t SKE)

Staat	Produktion			Raffinerie-kapazität
	Erdöl [Mio.t]	Erdgas [Mrd. m³]	Petro-chemie [Mio.t][1]	[Mio.t]
Bahrain	3	11	1,0	12
Kuwait	98	11	3,15	42
Oman	44	5	0	4
Katar	33	24	1,9	3
Saudi-Arabien	411	83	14,7	81
VAE	111	49	1,0	16
Insgesamt	*700*	*183*	*21,75*	*158*
Anteil [%] weltweit	21,5	8[2]	7,5[2]	7,6

[1] Gewicht der Primärprodukte (Ethylen, Propylen, Butadien, Benzol) bzw. Zwischenprodukte (Methanol, Ammoniak)
[2] Schätzung des Autors

Fig. 3 Energiewirtschaftsdaten der Staaten des Golf-Kooperationsrates (GCC) 1999 (berechnet nach Arab Oil and Gas Directory [1999], in anderen Quellen z. T. abweichende Zahlen, 1 t = ca. 7,4 Fass Erdöl)
GCC countries: Data on energy-related activities 1999 (calculated after Arab Oil and Gas Directory [1999], in other sources partly different figures, 1 t = ca. 7,4 barrel oil)

Staat bzw. Gebiet	Raffineriekapazität [Mio. t/a] im Jahre	
	1999 realisiert	2002 geplant
Bahrain	12	12
Kuwait	42	45
Oman	4	6
Katar	3	10
Saudi-Arabien	81	87
VAE	16	31
Insgesamt	*158*	*191*
Erde	2090	2100
Anteil weltweit [%]	7,6	9,1

Fig. 4 Arabische Golfstaaten: Raffineriekapazitäten 1999 und 2002 (zusammengestellt nach Arab Oil and Gas Directory 1999 und anderen Quellen, 1 t = ca. 7,4 Fass Erdöl).
GCC states: Capacity of oil refineries 1999 and 2002 (compiled from Arab Oil and Gas Directory 1999 and other sources, 1 t = ca. 7,4 barrel oil).

- Trockengas aus eigens erschlossenen Lagerstätten, das in den meisten Golfstaaten zwar exploriert wurde, aber vorerst weitgehend ungenutzt bleibt.

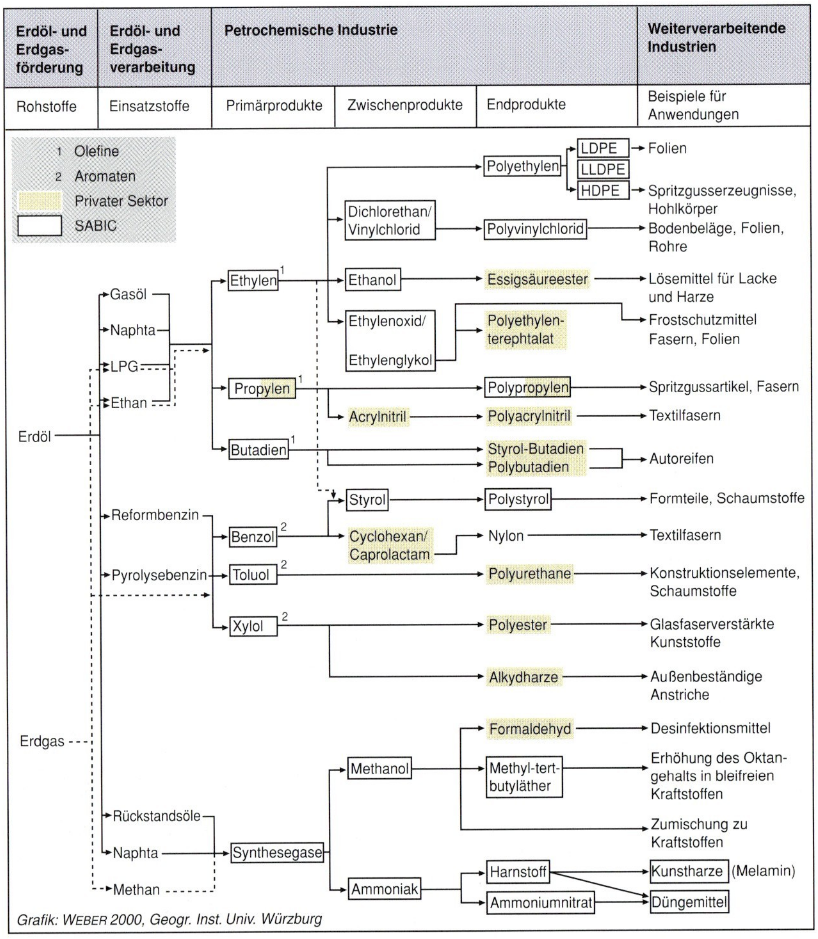

Zwar sind die arabischen Golfstaaten beim Erdgas nur eine „mittlere Größe" mit ca. 15 % der Weltreserven, doch tritt das Gas ausschließlich ohne großen Aufwand zu Tage. Bis Ende der 1970er Jahre wurde es abgefackelt oder in die Erdöllagerstätten zur Druckverstärkung reinjiziert, da man keine sinnvolle Verwendung sah (siehe Kap. 3).

Die beiden energetischen Rohstoffe haben die arabischen Golfstaaten sozusagen zum Powerhouse (im Sinne des Wortes) der Weltwirtschaft gemacht. Figur 3 verdeutlicht nochmals quantitativ den Schatz, den gerade einmal 30 Mio. Menschen bzw. 0,5 % der Weltbevölkerung verwalten und in Wert setzen.

3. Branchen und Produkte

Gerade die kleineren, nicht so erdölreichen Anrainer wie Katar (Erdgasreserven: 8970 Mrd. m³ bzw. 10,6 Mrd. t SKE, davon nur 5 % assoziiert), Bahrain (142 Mrd. m³ bzw. 0,16 Mrd. t SKE, davon 23 % assoziiert) und Kuwait (1480 Mrd. m³ bzw. 1,7 Mrd. t SKE, davon 95 % assoziiert) erarbeiteten schon Anfang der 1970er Jahre Konzepte zur Inwertsetzung des Erdgases

Fig. 5 Die wichtigsten Produktlinien der petrochemischen Industrie (Beispiel: Saudi-Arabien; nach HORNDASCH 1990, Arab Oil and Gas Directory 1999)
The most important product lines of the petrochemical industry (example: Saudi Arabia; after HORNDASCH 1990, Arab Oil and Gas Directory 1999)

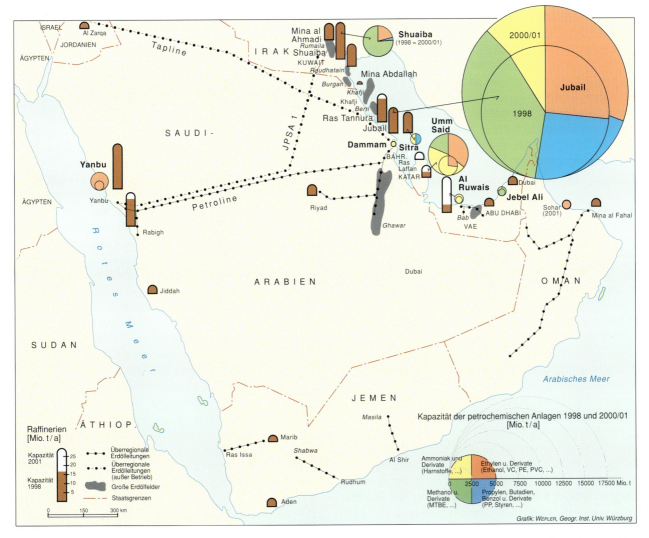

Fig. 6 Produktionskapazität der petrochemischen Industrie und bedeutende Erdölleitungen auf der Arabischen Halbinsel 1998 und 2000/01 (berechnet nach Arab Oil and Gas Directory 2000 und anderen Quellen)
Production capacity of the petrochemical industry and important oil infrastructure on the Arabian Peninsula 1998 and 2000/01 (calculated after Arab Oil and Gas Directory 2000 and other sources)

(vgl. HORNDASCH 1990, SCHLIEPHAKE 1995), auf deren Erfahrung Saudi-Arabien im darauf folgenden Jahrzehnt aufbauen konnte (siehe Kap. 4). Private und internationale Berater (z.B. UNIDO 1983) definierten zu Beginn der 1980er Jahre die Branchen, in denen sich die indirekten (Kapitalüberschuss durch Rohölexport) und direkten (Rohstoff und Energie) Effekte der Erdöl- und Erdgasproduktion positiv verbinden.

Dazu gehören einmal die Raffinerien, die Figur 4 für die arabischen Golfstaaten aufzeigt und die mit einer Kapazität von insgesamt 158 Mio.t/a heute 7,6 % der Weltkapazität darstellen, ein Anteil, der bis 2002 auf 9 % steigen soll.

Aber nicht so sehr die Raffinerien, sondern die petrochemischen Anlagen sind für die Entwicklung bedeutsam und schaffen Arbeitsplätze und Mehrwert. Wie Figur 5 erkennen lässt, ist Erdgas (Erdöl ergänzend bzw. austauschend) der wertvollste Rohstoff für die petrochemische Industrie. Am Beispiel Saudi-Arabien (siehe Kap. 4) macht Figur 5 die Fülle der Produkte, die wir im täglichen Leben gebrauchen, sichtbar.

Besondere Bedeutung hat dabei das Methan, mit 50 % bzw. 80 % wichtigster Bestandteil des Feucht- bzw. Trockengases, aus dem als weltweites Handelsprodukt Harnstoff als Grundlage für Stickstoffdünger entsteht. Die Produktionskapazitäten in den Golfstaaten von 8,5 Mio. t Harnstoff pro Jahr decken im Jahre 2001 fast 10 % der Weltproduktion von Stickstoffdünger ab. Die Standorte der Raffinerien und petrochemischen Betriebe einschließlich der wichtigsten Infrastrukturelemente (Erdölleitungen, Erdölfelder) verdeutlicht Figur 6.

Während wir den Produktbereich der Petrochemie im Kap. 4 am saudischen Beispiel präsentieren, ist hier noch auf die in Figur 6 nicht erfasste Aluminiumindustrie zu verweisen (SCHLIEPHAKE 1995, S. 104 ff.). Zur Verhüttung des im Tagebau (Australien, Westafrika, Südamerika) günstig zu gewinnenden Bauxits (Aluminiumoxid – aus 1 t Bauxit entstehen 0,25 t Reinaluminium) wird billigste Energie benötigt, für die in Europa ca. 25 bis 30 % der Produktionskosten aufzuwenden sind. So wandert die Herstellung von klassischen Erzeugerländern (USA, Deutschland, Frankreich, Schweiz) weg zu Wasserkraft (Brasilien, Norwegen), Kohle (China, Südafrika, Indien) oder Erdgas (Russland, Kanada, Venezuela). Am Golf rechnen Unternehmer mit einem Aufwand von nur 6 % für das (bisher abgefackelte) Erdgas, und so nahm die erste Aluminiumhütte mit US-amerikanischer Beteiligung 1971 in Sitra/Bahrain den Betrieb auf. ALBA produziert derzeit mit 1 800 Beschäftigten über 0,5 Mio. t Reinaluminium. Die nachgeschaltete Weiterverarbeitung geschieht z. T. im Land mit Produktionsbetrieben für

- Aluminiumprofile für die Bauindustrie (Firma Balexco, seit 1977, 20 000 t/a),
- Aluminiumpulver (seit 1972, 7 000 t/a),
- Aluminiumkabel (seit 1978, 75 000 t/a),
- Aluminiumbleche und -folien (seit 1986, 120 000 t/a),
- Aluminiumfelgen mit Beteiligung der deutschen Firma BBS (seit 1994, 1,5 Mio. Räder),
- Aluminiumlegierungen ebenfalls mit deutscher Beteiligung (seit 1996, 20 000 t/a).

Das Know-how brachten Partner aus der Schweiz, den USA, Australien und Deutschland, das Kapital kommt vom bahrainischen Staat, der saudischen SABIC (siehe Kap. 4) und von regionalen Privatanlegern.

In Dubai bauten 1980 US-amerikanische und japanische Unternehmen mit lokalem Kapitel die DUBAL-Hütte auf, deren Produktion mit 1 600 Beschäftigten bis 2000 auf 0,53 Mio. t gestiegen ist. Im Unterschied zu Bahrain gibt es keine Weiterverarbeitung, die Reinaluminiumbarren gehen fast ausschließlich nach Ostasien (Japan, Taiwan, Südkorea).

Beide Unternehmen gehören nach eigenen Aussagen zu den 10 günstigsten Produzenten der Welt. ALBA behauptet, dass bereits bei einem Weltmarktpreis von 950 US-$/t die laufenden Kosten (wohl ohne Kapital) gedeckt sind. Das ist mit dem aktuellen Aluminiumpreis von 1 470 US-$/t (Nov. 2000) zu vergleichen. Beide Unternehmen produzieren derzeit 4 % des Welt-Aluminiums. Da in der weltweiten Menge von 22 Mio. t verhüttetem Aluminium auch ca. ein Drittel Recyclingmaterial enthalten ist, dürfte der Anteil der beiden Hütten an der Primärproduktion bereits bei 7 % liegen.

Saudi-Arabien und Katar erwogen Anfang der 1990er Jahre weitere Hüttenprojekte. Da die Aluminiumpreise derzeit stark schwanken und sich saudisches staatliches Kapital in Bahrain engagiert hat, wurden sie nicht weiter verfolgt. Für Bahrain ist Aluminium inzwischen mit 19 % Anteil das zweitwichtigste Exportgut nach Erdöl und seinen Produkten.

4. Das Beispiel der saudischen SABIC

Nicht so sehr die Verarbeitung des Rohöls, das bei Bestehen der Infrastruktur ein relativ leicht handhabbares weltweites Exportprodukt ist, sondern die Inwertsetzung des bis in die 1970er Jahre abgefackelten Erdgases erforderte einen besonderen Investitions-, Infrastruktur- und Beratungsaufwand.

Auch wenn die saudischen Konzepte des Erdgaseinsatzes historisch später als die der Staaten Kuwait (1967) und Katar (1969) entwickelt wurden, soll das Beispiel der 1976 vom Staat gegründeten *Saudi Basic Industries Corporation* (SABIC) stellvertretend für die enge Verflechtung zwischen Rohstoff, staatlichem (Erdöl-)Kapital und den internationalen Energie- und petrochemischen Konzernen stehen.

1975 begann die staatliche Erdölfirma ARAMCO mit dem Aufbau eines Master-Gas-Systems. Es sammelt assoziiertes Erdgas (siehe Kap. 2) aus den Feldern Ghawar (Festland), Safaniya und Zuluf (Meeresboden, „off-shore") und führt es zu den Aufbereitungsanlagen von Berri, Shedgum und Uthmaniya. Dort werden die Kondensate (*Natural Gas Liquids* [NGL]) getrennt sowie eine erste Entschwefelung vorgenommen. 1982 ging die erste Stufe des Systems mit einer Jahreskapazität von 36 Mrd. m^3 in Betrieb. Inzwischen sind auch nichtassoziierte Erdgasvorkommen der Khuff-Formation angeschlossen und die vierte Aufbereitungsanlage in Hawiyah in Bau. Damit kann ARAMCO ab dem Jahr 2001 für Energie- und Wassergewinnung, Export und die Versorgung der petrochemischen Betriebe 67 Mrd. m^3/a Erdgas zur Verfügung stellen. Bis dahin wird der Staat allein für das Sammelsystem ca. 18 Mrd. US-$ investiert haben. Verzinst man diesen Betrag mit 7 % und schreibt die Anlagen über 20 Jahre ab, dann ergibt sich einschließlich der geschätzten Produktionskosten eine Belastung von 0,04 US-$/m^3 Erdgas. Tatsächlich hat der saudische Staat seine internationalen Partner mit einem Preisversprechen von ca. 0,01 US-$/m^3 angelockt und diese Zusage bis 1998 eingehalten.

Ein weiterer Schritt war in den Jahren 1974/1975 die Ausweisung der durch die „Petroline" verbundenen neuen Industriestandorte Yanbu' (am Roten Meer) und Jubail (am Golf) durch die Königliche Kommission für Jubail und Yanbu', die die Flächennutzungspläne entwickelte, die Siedlungsinfrastruktur ausbaute und Flächen für die neuen Industriebetriebe auswies (Karte bei SCHLIEPHAKE 1999). Die SABIC hat seit 1983 in Jubail 11 große petrochemische Komplexe aufgebaut, daneben zwei weitere in Yanbu'. Neben der topographischen Übersicht in Figur 6 sind die 11 Betriebe in Jubail mit ihren Kapazitäten in Figur 7 dargestellt.

Das erste Werk der SABIC in Jubail ging 1983 in Betrieb, die Anlagen in Yanbu' folgten 1985. Heute hat SABIC 15 500 Beschäftigte (70 % Saudis), und der Tageswert des investierten Kapitals liegt bei 17 Mrd. US-$. Bei einem Umsatz von 5,1 Mrd. US-$/a bedeutet der Nettogewinn von 0,5 Mrd. US-$ (im Jahr 1999) allerdings mit 3 % eine recht geringe Kapitalrendite, die wichtig ist, um Schulden von 10,1 Mrd. US-$ zu bedienen.

In diesem bewussten Verzicht auf hohe Rentabilität steckt die Erläuterung für den von europäischen Beobachtern geprägten Begriff der „gekauften Industrialisierung" (HOFMANN 1988). Zum einen stellt der saudische Staat das Investitionskapital zur Verfügung, ohne eine

Unternehmen (Kurzbezeichnung, Jahr der Fertigstellung)	Partner	Verarbeiteter Rohstoff	Hergestelltes Produkt	Produktionskapazität [Mio. t/a] im Jahre 1999	2001
Saudi Arabian Fertilizer Co. (SAFCO, 1993)	privates saudisches Kapital	Methan	Ammoniak Harnstoff	0,5 0,6	1,0 1,2
Saudi Methanol Co. (Ar Razi, 1983)	japanische Unternehmen	Methan	Methanol	2,13	2,98
Al Jubail Fertilizer Co. (SAMAD, 1983)	Taiwan Fertilizer Co.	Methan	Harnstoff Ammoniak	0,63 0,3	0,63 0,3
Al Jubail Petrochemical Co. (KEMYA, 1986)	Exxon Co. (USA)	Ethylen	Polyethylen Niederdruck-Polyethylen	0,4 0	0,4 0,2
Saudi Petrochemical Co. (SADAF, 1984)	Shell Oil Co. (USA)	Ethan, Benzol	Ethylen Ethylen-Dichlorid Styren Ethanol MTBE	0,97 0,84 0,96 0,3 0,7	0,97 0,84 1,46 0,3 0,7
National Methanol Co. (Ibn Sina, 1984)	Celanese-Texas-Eastern (USA)	Methan	Methanol MTBE	0,9 0,7	0,9 0,7
Arabian Petrochemical Co. (Petrokemya, 1985)	SABIC-Eigentum	Ethan	Ethylen Buten Polystyren Propylen Butadien	1,15 0,1 0,135 0,3 0,1	1,95 0,1 0,135 0,575 0,1
Eastern Petrochemical Co. (Sharq, 1985)	Mitsubishi (Japan) und andere	Ethylen	Niederdruck-Ethylen Ethylen-Glycol	0,36 0,78	0,66 1,28
National Plastic Co. (Ibn Hayyan, 1986)	Südkorea	Ethylen	Vinylchlorid PVC	0,3 0,39	0,3 0,39
Saudi-European Petrochemical Co. (Ibn Zahr, 1988)	Neste (Finnland) und andere	Methanol, Butan, Ethylen	MTBE Polypropylen	1,4 0,2	1,4 0,32
National Chemical Fertilizer Co. (Ibn al Baytar, 1987)	privates saudisches Kapital	Methan	Ammoniak Harnstoff Komposit-Kunstdünger Schwefelsäure	0,5 0,5 0,8 0	0,5 0,5 0,8 0,9

Fig. 7 Jubail: Industrieprojekte der SABIC auf Erdgasbasis, 1999 und 2001 (nach BARTH & SCHLIEPHAKE [1998, S. 109], Arab Oil and Gas Directory [1999, S. 388] und SABIC 2000)
Jubail (Saudi Arabia): Industrial projects of SABIC using natural gas, 1999 and 2001 (after BARTH & SCHLIEPHAKE [1998, p. 109], Arab Oil and Gas Directory [1999, p. 388] and SABIC 2000)

weltmarktkonforme Verzinsung zu erwarten, zum anderen sind auch die weiteren Inputs subventioniert: Das gilt nicht nur für das Trink- und Brauchwasser aus den Meerwasserentsalzungsanlagen, das ebenso wie die Elektrizität unter Marktpreisen abgegeben wird. Das gilt auch für die Betriebsflächen, die der Staat kostenlos bereitstellt. Am wichtigsten sind die bereits erwähnten Energiepreise – sie waren allerdings so niedrig, dass sich ARAMCO Mitte der 1990er Jahre außerstande sah, bei diesen Erlösen das Master-Gas-System entsprechend dem Bedarf der Industrie auszubauen, es kam zu Versorgungsengpässen. Erst nachdem ARAMCO 1999 die Gaspreise für SABIC um 50 % erhöhte, geht nun der Ausbau weiter.

Trotzdem bleibt der Rohstoff wirklich billig. SABIC gibt derzeit gerade einmal 255 Mio. US-$ bzw. 4,4 % des Umsatzes für das bereitgestellte Erdgas als Energieträger und Rohstoff aus. Damit ist und bleibt SABIC der weltweit preiswerteste Produzent mit Zugang zu den weltweit größten Kohlenwasserstoffreserven (vgl. SABIC 2000).

Die Absatzstrategen blicken nicht so sehr nach Europa, sondern über die Meere nach Osten. Dort sitzen die größten Kunstdüngerimporteure der Welt, nämlich China, Indien, Vietnam und Philippinen; dazu kommen die USA, die inzwischen die Hälfte ihres Erdöls importieren (40 % aus Saudi-Arabien) und daneben Nettoimporteur von Stickstoffdünger sind. Die Plastikrohstoffe werden weltweit nach internationalen Spezifikationen über Kontore in USA, Großbritannien, Deutschland, Spanien, Indien, Südafrika, Frankreich, Japan, Italien, Russland, Hongkong, Philippinen, China, Südkorea und Taiwan abgesetzt.

Ist die „gekaufte Industrialisierung" oder „Industrialisierung auf Einladung" ein Erfolg? Die fast kostenlose Bereitstellung des (assoziierten) Erdgases macht Sinn.

Zwar hätte bei einer Gegenüberstellung des kalorischen Inhaltes mit dem derzeitigen Erdölpreis von 25 US-$/barrel 1 m³ Naturgas einen Wert von 0,16 US-$. Aber da – wie im frühindustriellen Ruhrgebiet – der Transport auf die Weltmärkte teuer und riskant ist, sind dies hypothetische Werte: Diese Energieform muss nahe dem Fundort in Wert gesetzt werden.

5. Der Weltmaßstab

Als DICKEN (1992) vom „global shift" sprach und damit die Verlagerung von Produktivkräften aus den Industrieländern in ausgewählte Schwellenländer meinte, brachte er keine Beispiele aus der petrochemischen Industrie. Dies wohl deshalb, weil nach Meinung der Erforscher der längerfristigen Wirtschaftszyklen (z. B. BERRY 1991) der in den 1960er Jahren von den neuen Technologien Elektronik/Petrochemie gesteuerte Zyklus Ende des Jahrtausends im Abschwung war und die Informationstechnologie ihn ersetzte. Darauf verweisen zeitgeistgerechte Adepten der New Economy gerne, sie übersehen, dass die Informationstechnologien nicht aus sich selbst, sondern aus der Vermarktung von körperlichen Produkten (und ausgewählten Dienstleistungen rund um dieselben) (Mehr-)Werte schaffen; ohne Produktionen und Produkte gibt es keinen Welthandel (RITTER 1994).

Im Welthandel werden neben Rohöl Erzeugnisse der Petrochemie, insbesondere Kunstdünger und Plastikrohstoffe, weiterhin eine wichtige Rolle spielen. Die Betriebe der fünf arabischen Staaten am Golf stellten Ende der 1990er Jahre pro Jahr petrochemische Produkte in Wert von ca. 18 Mrd. US-$ her, wovon 83 % auf SABIC entfielen. Je nach Definition (und der Gefahr der Mehrfachbewertung bei Berücksichtigung der Zwischenprodukte, vgl. BHARDWAJ 1994) sind das 3–6 % der weltweiten Produktion. Sie geschieht in einer Region mit einzigartigen und komparative Standortvorteilen (BIRCHINGER 1995) in Bezug auf Rohstoff und Energie.

In einigen Produktgruppen hofft Saudi-Arabien auf Marktbeherrschung. Dazu gehört der Kraftstoffzusatz MTBE (Methyl-Tri-Butyl-Äther) aus Methanol (siehe Fig. 5), dessen zunehmender Einsatz in den USA seit 1992 mit dem Clean Air Act festgeschrieben wurde. Bei seiner Entstehung setzt er nämlich Sauerstoff frei (Details bei BARTH & SCHLIEPHAKE 1998, S. 112 f.). Saudische Planer hatten gehofft, bis Ende der 1990er Jahre mit 3,5 Mio. t/a 25 % des Weltmarktes versorgen zu können. Inzwischen stagniert der Markt, da in Zeiten knapper (öffentlicher) Kassen „schlanke" Staaten die Autofahrer nicht noch mehr belasten wollen und insbesondere in den USA die „Ökowelle" weitgehend abflaut. Die Absatzprobleme haben alle Erweiterungspläne jenseits der aktuellen Kapazität von 2,7 Mio. t/a in den Schubladen verschwinden lassen. Die saudischen Kraftfahrer verbrauchen nun jährlich 0,4 Mio. t MTBE selbst. Die 20,5 Mio. Einwohner (darunter ca. 6 Mio. Ausländer, die 90 % der Beschäftigten im privaten Sektor ausmachen) können sich die geringen Mehrkosten leisten:

Die Erdöleinnahmen von 35 Mrd. US-$ im Jahre 1999 dürften mit den Preiserhöhungen des Jahres 2000 auf mindestens 50 Mrd. US-$ gestiegen sein, immerhin fast 3 500 US-$/Einw. Sie machen Saudi-Arabien zum wohlhabendsten arabischen Flächenstaat, in dem 9 % der 221 Mio. Araber 129 Mrd. US-$ bzw. 31 % des arabischen Bruttosozialproduktes erwirtschaften (im Vergleich dazu der Nachbar Jemen: 7 % der Bevölkerung, 1 % des BSP).

6. Die Zukunft der Golf-Standorte

Die hier vorgestellte ökonomische Entwicklung auf der Basis der flüssigen und gasförmigen Kohlenwasserstoffe darf den Blick auf die damit zusammenhängenden Probleme nicht verstellen. Aus geographischer Sicht gehört dazu die Zunahme der räumlichen Disparitäten zwischen den Boomtowns an der Küste und den Oasen und Agrargebieten des Hinterlandes, denen heimische Planer Aufgaben als Arbeitskräftereservoire ('Assirgebirge in Saudi-Arabien) und Freizeiträume (Al Ain, Hatta/VAE), teilweise als landwirtschaftliche Produktionsgebiete (Qassim, Dhaid) zuweisen.

Neben diesen für die kleineren Golfstaaten marginalen Problemen ist der Mangel der natürlichen Ressource Wasser zu erkennen – nach Berechnungen sind in Saudi-Arabien im Jahre 2020 theoretisch alle Grundwasservorräte erschöpft (SCHLIEPHAKE 1992). Meerwasserentsalzungsanlagen verschaffen mit einer Produktion von 1,2 km³ (Saudi-Arabien insgesamt) zwar Abhilfe, doch macht eine Verwendung für die Landwirtschaft, die derzeit 85 % des Wassers benötigt, bei Entsalzungskosten von 1,5–2,5 US-$/m³ keinen Sinn (RITTER 2000).

Auf die sozialen Disparitäten ist zu verweisen. Ob man sich in Saudi-Arabien wirklich so schnell von den ca. 6 Mio. ausländischen Arbeitskräften trennen kann, wie es die Planer mit ihren „Gastarbeiterbilanzen" wünschen, scheint fraglich. Statt des in den Entwicklungsplänen für 1985–2000 postulierten Rückgangs der Ausländerbeschäftigung um 1,14 Mio. haben die Zahlen seit 1989 (ca. 5 Mio. Ausländer) bis 2000 (ca. 6 Mio.) eher zugenommen (Ministry of Planning 1995, S. 180). Das hängt u. a. mit dem strukturellen Wandel bei steigendem Wohlstand zusammen: Statt der für die großen Baumaßnahmen benötigten bau- und technikorientierten Gruppen z. B. aus Südkorea, Taiwan und USA kommen heute Chauffeure und Dienstmädchen aus Thailand, Bangladesch und von den Philippinen sowie Techniker und Industriearbeiter aus den arabischen Ländern und aus Südasien. Die „Entfesselung" des südasiatischen Potentials, das am Golf sein Bestes zum günstigsten Preis (Nettolohn 300–500 US-$/Monat = Bruttolohn; SCHLIEPHAKE 1995, S. 34; 1999, S. 622) gibt, gehört zu den großen strategischen Leistungen insbesondere von Katar, Kuwait und VAE/Dubai. Sie stellt aber in bevölkerungsreicheren Ländern wie Bahrain, Saudi-Arabien und Oman die auf den Markt drängenden jungen Einheimischen (in Saudi-Arabien jährlich

132 000 Staatsbürger, davon 12 % Frauen, neu auf den Arbeitsmarkt) in Konkurrenz zu den billigeren und oft willigeren Südasiaten.

Zwar ist der weibliche Teil der Bevölkerung in allen Staaten noch nicht voll in das öffentliche Leben integriert oder sogar explizit (Saudi-Arabien) davon ausgeschlossen, doch lockern sich die rigiden Regeln. Im Jahr 2000 waren 6 % der saudischen Frauen im entsprechenden Alter berufstätig, ihre Zahl soll jährlich um 5 % steigen. In allen Golfstaaten stellen Frauen inzwischen über ca. 50 % der Hochschulstudenten. In Saudi-Arabien waren im Jahr 2000 36 % der neu auf den Arbeitsmarkt eintretenden Akademiker Frauen – u. a. aus den Bereichen Naturwissenschaften (35 % der Absolventen), Medizin (32 %) und Wirtschaft/Computer (25 %).

Ein Letztes darf beim Blick auf die zweifellos vorhandenen Probleme nicht vergessen werden: Mit Erdöl- und Erdgasvorräten, die eine durchschnittliche Lebensdauer von 89 Jahren (Erdöl) bzw. 116 Jahren (Erdgas) bei aktuellem Förderrhythmus aufweisen (Erde insgesamt: 43 bzw. 97 Jahre), ist und bleibt die arabische Seite des Golfs (gemeinsam mit Irak und Iran) Hüter des preiswertesten und daher wertvollsten Energieschatzes der Erde. Nach Prognosen in Figur 8 werden Erdöl und Erdgas auch im Jahr 2020 63,4 % des jährlich um 2 % wachsenden Welt-Energiebedarfs decken

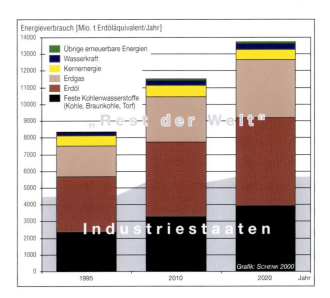

Fig. 8 Szenarien des jährlichen Welt-Energieverbrauchs 1995 bis 2020 (berechnet nach OECD/IEA 1998)
Forecast of world total primary energy demands 1995–2020 (calculated after OECD/IEA 1998)

(1995: 61,6 %; BGR 1998). Das verleiht dem Golf eine anhaltende ökonomische und auch politische Bedeutung und macht ihn zu einem wichtigen Forschungsfeld.

Literatur

Arab Oil and Gas Directory (jährlich): Paris.
BARTH, H. K., & K. SCHLIEPHAKE (1998): Saudi-Arabien. Gotha und Stuttgart. = Perthes Länderprofile.
BERRY, B. J. L. (1991): Long wave rhythms in economic development and political behavior. Baltimore, London.
BGR [Bundesanstalt für Geowissenschaften und Rohstoffe] (1998): Reserven, Ressourcen und Verfügbarkeit von Energierohstoffen. Berlin.
BHARDWAJ, J. S. (1994): Technical Report: National Strategies for the Development of down-stream petrochemical Industries in the Developing Countries. Wien. = UNIDO/ID/WG, **533** (3), special.
BIRCHINGER, P. (1995): Reale und potentielle (komparative) Standortvorteile des verarbeitenden Gewerbes am Arabischen Golf. Würzburger Geogr. Manuskripte, **36**: 62–85.
DICKEN, P. (1992): Global shift. London.
HOFMANN, M. (1988): Saudi-Arabien. Gekaufte Industrialisierung. Berlin. = Schriften Deutsches Institut für Entwicklungspolitik, **95**.
HORNDASCH, G. (1990): Die wirtschaftliche Zukunft der petrochemischen Industrie in den Staaten des Golf-Kooperationsrates. Nürnberger wirtschafts- und sozialgeographische Arbeiten, **43**.
KUBURSI, A. A. (1986): Industrialisation in the Arab states of the Gulf: A Ruhr without water. In: NIBLOCK, T., & R. LAWLESS [Eds]: Prospects for the world oil industry. London.
Ministry of Planning (1995): Sixth Development Plan. Riyadh.
OECD/IEA (1998): World Energy Outlook. Paris.
RITTER, W. (1984): Welthandel. Darmstadt. = Erträge der Forschung, **284**.
RITTER, W. (2000): Die Wasserknappheit Arabiens. Mythos oder Realität? Geographie und Schule, **128**: 19–24.

SABIC (2000): Annual Report 1999. Riyadh.
SCHLIEPHAKE, K. (1992): Wasser am Arabisch/Persischen Golf. Orient, **33** (2): 227–241.
SCHLIEPHAKE, K. (1995a): Die kleinen arabischen Golfstaaten. Würzburger Geographische Manuskripte, **36**.
SCHLIEPHAKE, K. (1995b): Industrialisation in Saudi Arabia. GeoJournal, **37** (1): 139–144.
SCHLIEPHAKE, K. (1997): Saudi-Arabien. Wirtschaftsverflechtungen des islamischen Kernlandes. Praxis Geographie, **27** (7/8): 22–25.
SCHLIEPHAKE, K. (1999): Industrialisierung in Saudi-Arabien. Geographische Rundschau, **51** (11): 618–623.
UNIDO (1983): The resource base for industrialisation in the Gulf Cooperation Countries (IS.423). Wien.
Weltbank (jährlich): Weltentwicklungsbericht. Washington.
www.worldbank.org
www.wbms.dircon.co.uk
www.bgr.de
www.mining.technology.com
www.eia.doe.gov
www.arab-oil-gas.com

Manuskriptannahme: 22. Dezember 2000

Dr. KONRAD SCHLIEPHAKE, Universität Würzburg, Geographisches Institut, Am Hubland, 97074 Würzburg
E-Mail: k.schliephake@mail.uni-wuerzburg.de

Ökozonen der Erde: 2. Boreale Zone

Die Boreale Zone kommt als einzige aller Ökozonen nur in der Nordhemisphäre vor. Ihre Verbreitung ist dort erdumspannend mit einer Nord-Süd-Ausdehnung von wenigstens 700 km; maximal werden in Nordamerika 1500 km und in Eurasien 2000 km erreicht. Die südlichsten Vorkommen liegen an den Ostseiten der Kontinente bei etwa 50° N, auf den Westseiten infolge warmer Meeresströmungen aber erst bei ca. 60° N. Südwärts folgen zumeist die Feuchten Mittelbreiten (Zone 3), nur im Inneren der Kontinente die Trockenen Mittelbreiten (Zone 4). Im Norden endet die Boreale Zone an der polaren Baumgrenze, deren Verlauf in Eurasien mit 72° 30' (Halbinsel Taimyr) und in Nordamerika bei 69° ihre nördlichsten Punkte hat. Die Gesamtfläche aller Teilvorkommen beträgt 20 Mio. km² bzw. rund 13% des Festlandes der Erde.

Die Sommer sind mäßig warm: 4 bis 6 Monate haben Mitteltemperaturen von wenigstens 5 °C, davon 2 bis 3 (mindestens 1) Monate ≥10 °C ≤18 °C. Während der Vegetationsperiode herrschen Langtags- bis Dauertagsbedingungen. Die Sonneneinstrahlung erreicht dann $150–300 \cdot 10^8$ kJ/ha.

Die Winter sind lang und kalt (im Inneren der Kontinente bis −70 °C). Die Schneedecke hält sich über 6 bis 7 Monate. Unter kontinentalen Klimabedingungen liegen die Jahresmitteltemperaturen über 0 °C, und die Böden bleiben ab einer geringen Tiefe auch sommerlich ständig gefroren (Permafrost).

Die Mittel der jährlichen Niederschlagssummen bewegen sich in den meisten Gegenden von 250 bis 500 mm, wobei die Schneeanteile gewöhnlich etwas kleiner als die Regenanteile sind. Zur Zeit der Schneeschmelze kommt es zu gewaltigen Hochwassern über dann noch gefrorenem Grund und vereis-

Fig. 1
Lichter Flechtenwald („nördliche Taiga") südlich von Gällivare, Nordschweden (Foto: SCHULTZ, Juli 1956).

ten Flussbetten. In den Talauen entstehen dabei nicht selten Breitenverzweigungen.

Charakteristische Frostwechselformen sind Palsas, Erdbülten (Thufure), Strangmoore (Aapamoore) sowie Abschmelzhohlformen (Alasse).

Ungünstige Zersetzungsbedingungen für tote organische Substanzen bei mäßig hoher Primärproduktion (4 bis 8 t/ha·a) lassen mächtige Rohhumusauflagen, unter staunassen Bedingungen Torfschichten entstehen. Entsprechend sind Podzole und (Gelic und Fibric) Histosole weit verbreitet. In bergigen Gebieten (z.B. Ostsibirien) dominieren (Gelic oder Dystric) Cambisole und Leptosole.

Die zonale Pflanzenformation bilden artenarme Nadelwälder mit Laubhölzern in der Strauchschicht sowie Chamaephyten und Hemikryptophyten in der Krautschicht. Auf den lang anhaltend vernässten Standorten treten – mit häufig hohen Flächenanteilen – Torfmoore auf. Der Tierbestand ist überall gering.

In Anbetracht der retardierten biologisch-chemischen Zersetzung spielen Waldbrände eine überragende Rolle für die Freisetzung organisch eingebundener Mineralstoffe und damit für die Waldverjüngung. Die ersten Regenerationsstadien bilden relativ produktionsstarke Strauchformationen aus sommergrünen Pappeln, Birken u.a. Erst in späteren Stadien folgt dann der Wechsel von Laub- zu immer produktionsärmeren Nadelgehölzen. Jedes größere Waldgebiet setzt sich mosaikartig aus mehreren Altersstadien zusammen, die ihren Anfang nach jeweils mehr oder weniger weit zurückliegenden Brandeinwirkungen nahmen.

Eine subzonale Gliederung der Waldgebiete drückt sich am augenfälligsten in der von Nord nach Süd ansteigenden Dichte und Höhe des Baumbestandes aus. Während nahe der Nordgrenze Waldtundren oder lichte Flechtenwälder mit Phytomassen <100 t/ha auftreten (Fig. 1), handelt es sich weiter südlich um geschlossene Wälder mit zunehmend größeren, schließlich ca. 300 t/ha erreichenden Phytomassen (Fig. 2). Der auffällig schlanke Wuchs der Fichten geht im Wesentlichen auf Engpässe in der Mineralstoff- (insbesondere Stickstoff-) versorgung zurück. Die zahlreichen abgestorbenen Bäume (Standing Dead) sind Zeugen für den äußerst langsam ablaufenden Abbau der Nekromasse.

Holzeinschlag und Abbau von Torflagerstätten stehen im Vordergrund der Landnutzung. Ackerbau (Gerste, Hafer, Roggen, Kartoffeln) und Grünlandwirtschaft sind möglich, aber wegen klimatischer Ungunst und geringer Bodenfruchtbarkeit unbedeutend.

Fig. 2 Borealer Nadelwald mit Zwergstrauch-Unterwuchs nördlich von Kamloops, British Columbia (Foto: SCHULTZ, Juli 1986).

Literatur

SCHULTZ, J. (1995): Die Ökozonen der Erde. UTB 1514 (Kleine Reihe), Ulmer, Stuttgart (2. Aufl.), 535 S.

SCHULTZ, J. (2000): Handbuch der Ökozonen. UTB 8200 (Große Reihe), Ulmer, Stuttgart, 577 S.

JÜRGEN SCHULTZ, RWTH Aachen

© 2001 Justus Perthes Verlag Gotha GmbH

VORSCHAU

PGM 3/2001
GEOMEDIZIN

Klaus Fleischer & Erhard Schulz
Landschaftsänderung und Krankheit

Jürgen Schweikart & Thomas Kistemann
GIS und medizinische Geographie – eine methodische Revolution?

August Stich
Die Ausbreitung vektorgebundener Krankheiten am Beispiel von Schlafkrankheit und Malaria

Joachim Rüppel
Armut und Aids – eine tödliche Verbindung

Andreas Kalk
Geomedizinische Aspekte der Tuberkulose

Jozsef Benedek & Geza Molnar
Die wirtschaftliche Situation in der Region Baia Mare und ihre Auswirkungen auf das Gesundheitsniveau der Bevölkerung

Aboubacar Adamou
Probleme bei der Reorganisation des Gesundheitssystems von Niger

NEU Exkursion *Oberrheingebiet*

Ab PGM 3/2001 lädt Sie Priv.-Doz. Dr. Sebastian Lentz (Universität Mannheim) ein, an einer mehrteiligen Exkursion durch das Oberrheingebiet teilzunehmen. PGM startet damit die neue Rubrik „Exkursion" (siehe S. 20 bis 21 in diesem Heft).

PGM 4/2001
Degradation – Desertifikation
(Otmar Seuffert, Tel.: 06251/690282, Fax: 06251/65553, E-Mail: geooeko@t-online.de)

PGM 5/2001
Nachhaltige Stadtentwicklung
(Martin Coy, Tel.: 07071/29-76462, Fax: 07071/29-5318, E-Mail: martin.coy@uni-tuebingen.de)

PGM 6/2001
Umweltkatastrophen
(Hans-Rudolf Bork, Tel.: 0431/880-3953, Fax: 0431/880-4083, E-Mail: hrbork@pz-oekosys.uni-kiel.de)
(Rüdiger Glaser, Tel.: 0931/888-5549, Fax: 0931/888-5544, E-Mail: ruediger.glaser@mail.uni-wuerzburg.de)

PGM 1/2002
Indigene Völker
(Frauke Kraas, Tel.: 0221/470-7050, Fax: 0221/470-4917, E-Mail: f.kraas@uni-koeln.de)
(Martin Coy, Tel.: 07071/29-76462, Fax: 07071/29-5318, E-Mail: martin.coy@uni-tuebingen.de)

PGM 2/2002
Reliefentwicklung
(Detlef Busche, Tel.: 0931/888-5585, Fax: 0931/888-5544, E-Mail: busche@mail.uni-wuerzburg.de)